世界の51事例から予見する

Blockchain

# ブロックチェーン×エネルギービジネス

Energy Business

江田健二
Kenji Eda

# はじめに

筆者は常々、エネルギー（電気）が「いつでも、どこでも、好きなだけ」使える〃空気〃のような存在になることが大切だと思っています。

「そんな夢みたいな話があるか！」とお叱りを受けそうですが、「いつでも、どこでも、好きなだけ」の3つを実現しつつあるモノが私たちの周りにはたくさんあります。

例えば、水です。「雨乞《あまご》い」という言葉があるくらい、水は、古来よりとても貴重でした。しかし、今は水道の蛇口《じゃぐち》をひねれば、ふんだんに水が出てきます。外出中に喉《のど》が渇けば、自動販売機でペットボトルの水を購入して、どこでも飲みたいときに飲めます。水の値段も昔に比べると非常に安価です。ただし、水道料金は、無料ではないので「好きなだけ」という表現は、まだ実現しているとはいえません。

別の例として、本や新聞、書き物として使う紙があります。紙も昔は大変な貴重品でした。調べてみたところ、江戸時代には紙1枚の値段が現代の50～100円もしたようです。この値段では、そこまで手軽に使えなかったでしょう。しかし、今では、アスクルで5000枚購入しても3000円ほどです。1枚1円以下で手に入ります。1日に生活や仕事で使う紙の量は、多い人でも100枚程度でしょう。「いつでも、どこでも、好きなだけ」を、ある程度まで実現しているといえるのではないでしょうか。

「いつでも、どこでも、好きなだけ」を急速に実現した例としては、「情報」があります。この30年間のインターネットの爆発的な普及のおかげで、まさに情報は「いつでも、どこでも、好きなだけ」利用できます。

30年前の1988年にワシントンの今日の天気を知りたければ、ワシントンにいる知り合いに国際電話をかける必要がありました。しかし、今ならスマートフォンのグーグルアイコンをタップして「ワシントン」、「天気」と音声入力すれば、50万件以上の充分すぎる情報が手に入ります。

世界のエネルギー企業の動向を調べることも2000年ごろに比べると格段に簡単です。なぜなら、世界の名だたる企業が自社のプレゼンテーション動画をユーチューブで配信しているからです。しかも、ユーチューブの動画は、字幕を自動翻訳した日本語の文章まで画面に表示してくれます。現在は、JR山手線に乗りながら、フィンランドのエネルギーベンチャー企業の最新プレゼンを視聴できます。

「いつでも、どこでも、好きなだけ」手に入る情報のおかげで、私たちの生活は以前よりも格段に便利になりました。もちろん、ビジネスチャンスは増え、新しいサービスや製品が続々と生まれています。

さて、電気についてはどうでしょうか？　日本では「いつでも」というのは、ほぼほぼ満たされています。日常において停電は、ほとんどありません。停電頻度は、１９６４年の東京オリンピックのころに比べると40分の１程度です。戦前・戦中・終戦直後は、停電が頻発していたことを考えれば、素晴らしい前進です。「いつでも」というのは、先人の方々の努力のおかげで、世界トップレベルで実現しています。

では、「どこでも」はどうでしょうか？　これは、まだ発展の余地を感じます。電気は、家の中ではほとんど「どこでも」使えます。しかし、外出先で充電をしたいときはコンセントを探す必要があります。幸いにもコンセントが見つかったとしても、自由に使ってよいかといえばそうではなく、コンセントの持ち主から許可をもらうことが必要です。もし、電気が「どこでも」気軽に使えれば、私たちの行動範囲は今以上に広がるでしょう。

最後に「好きなだけ」というのはどうでしょうか？　電気を「好きなだけ」使っているという人は、そうそういないでしょう。なぜなら、使えば使っただけ電気代がかかるからです。我が家の先月の電気代は約2万円でした。もし、先ほど紹介した紙の値段のように50分の１になったら、１カ月の電気代２万円が４００円になります。ほとんど電気代を気にしないで済みます。まさに「好きなだけ」が実現している水準といえます。

電気代が50分の1になった世界を想像してみましょう。これまでコストが重荷で実現できなかったさまざまな未来が開けます。

例えば、人が乗れるほど大きなドローン（無人航空機）や、人気アニメ『機動戦士ガンダム』のような巨大ロボットなどの開発が進みます。最近、現実味を帯びてきている宇宙旅行や宇宙基地開発も一気に進むでしょう。しかし、それだけではありません。

安い電気のおかげで電気を大量に必要とする植物工場の開発が進み、食料問題が改善します。電気の使用量を気にすることなくＡＩ（人工知能）やスーパーコンピューターを活用すれば、難病の新薬の開発が進展し、多くの人命を救えるでしょう。もしかしたら、世界のあちらこちらで資源の奪い合いによって起こっている争いごとを少しでも減らすことができるかもしれません。

電気を「いつでも、どこでも、好きなだけ」利用できる社会の実現は、今よりも多くの人が安心や豊かさ、幸せを感じられる社会へとつながるのです。

では、特定の誰かに迷惑をかけることなく電気を「どこでも、好きなだけ」は、どうしたら実現できるのでしょうか？

「どこでも」を実現するには、

・電気が手軽に持ち運べること。
・外出先や海外の行く先々に電源があること。
・外でも気兼ねなく自由に充電できること。
・電気の貸し借りや利用状況が正確にわかること。

などが必要です。

「好きなだけ」を実現するためには、なんといっても電気代が劇的に下がることが必要でしょう。

言葉にするのは簡単です。しかし、現実は、そう甘くはありません。「どこでも、好きなだけ」の実現を見据《す》えた新しい社会モデルの構築には、今までの延長線上にこだわらない発想の転換が必要です。誰も見たことがない、この新しい社会モデルの完成に、まさに「ブロックチェーン（分散台帳技術）」が大いに役立つと、筆者は考えています。

「ブロックチェーンが本当にエネルギー業界で役に立つのか？」、「社会モデルは具体的にどのようなものか？」、「将来の我々の生活やビジネスはどのように変化しているのか？」――誰もが納得する事実が出揃《でそろ》うまでには、あと10～20年の歳月が必要でしょう。しかし、ただただじっと待つのではなく、答えが明らかになる前から積極的に情報を収集・分析し、可能性を整理していくことは大切なことではないでしょうか。

筆者は、「エネルギービジネス」は、「ブロックチェーン」で花開くと考えています。もちろん、将来に対する展望は人それぞれです。解決策が見当たらない問題が山積みのエネルギー業界で、「花開く」とは能天気と思われるかもしれません。

しかし、ブロックチェーンは、暗い暗い洞窟《どうくつ》を照らす一筋の光明《こうみょう》となり、私たちの社会をより良い方向に導く可能性があります。本書を通じて、社会とエネルギーの新しいモデルについて一緒に考えていけたらと思います。

平成30年4月吉日　江田健二

［目次］

## 第2章
## 新たに生まれる100兆円市場急激な変化の渦中にあるエネルギー産業　37

## 第3章 ブロックチェーンとエネルギーの可能性、そして越えるべき壁 61

## 第4章 ファーストステップ：コスト削減、スピードアップ、そしてビットコイン　81



## 第5章 セカンドステップ：業界の垣根を越えて生まれるビジネスモデル　103

【コラム】
注目が集まるデジタル技術の活用、エナリスが進める電力×デジタルの取り組み 169
南 昇（みなみ・のぼる） 株式会社エナリス 執行役員 経営戦略本部長
盛次隆宏（もりつぐ・たかひろ） 株式会社エナリス 経営戦略本部 経営企画部長

【コラム】
社会経済原理に基づく電力融通とは？
ブロックチェーンを活用した「デジタルグリッド」が実現する未来 180
田中謙司（たなか・けんじ） 東京大学大学院工学系研究科
技術経営戦略学専攻 システム創成学専攻（兼担）特任准教授

おわりに 193
参考文献 200
著者紹介 201

# 第1章

# ブロックチェーンは、<br>ビジネスにおいて<br>何を実現してくれるのか?

# ビジネスの世界で注目を集めるブロックチェーン

ビジネスの世界で今、注目を集めている「ブロックチェーン」。本章では、ブロックチェーンについて解説します。

解説する、といっても「どのような技術がベースとして使われているのか？」、「暗号技術って何？」、「既存のデータベースと何がどう違うのか？」、「ブロックチェーンで仕組みを構築するのはどれくらい大変なの？」といったテクノロジー部分について逐一《ちくいち》説明すると、それはそれで1冊の本が書けてしまいます。

この章では、エンジニアの方々向けの、いわゆる構造ではなく、ビジネスマンの方向けにブロックチェーンのおかげで「私たちは、これまでにできなかった何が実現できるようになるのか」を詳しく解説します。

さて、ブロックチェーンは、商品のように目で見ることやサービスのように体感することができません。実態がないので、直感的に理解しにくいものです。このわかりにくさは、普及する前のインターネットに例えるとかなり近いかもしれません。

２０１８年現在、「インターネットって何ですか？」という質問に、私たちは、それなりに自分の言葉で答えることができます。なぜなら、インターネットの中で生まれた電子メールやホームページ、ネットショップ、ＳＮＳ（ソーシャル・ネットワーク・サービス）といったサービスを実際に利用し、毎日触れて生活しているからです。

インターネットそのものは、目に見えません。もちろん、触ることもできません。しかし、インターネットを活用した商品やサービスを日々利用することで、私たちは実感として理解しています。

「インターネットが、どのように世界中とつながっているのか？」、「パソコンやスマートフォンが、どのように動作しているのか？」、「ＬＩＮＥ（ライン）のメッセージが、すぐに海外の友達に届くのはどうしてか？」――その後ろにある技術的な構造について詳しく説明ができなくても、インターネットが実現できることを想定して、ビジネスに活かしている方はたくさんいるでしょう。

ブロックチェーンについても同じことがいえます。技術的な構造をすべて理解する必要はありません。ブロックチェーンによって、実現できることを理解し、ビジネスや自分の生活にどのような影響を、どれくらい与えるのかを考えるのが近道です。本書では、実際のブロックチェーンを活用しているサービスや事例を通して理解を深めていきます。

## ブロックチェーンが支える仮想通貨

ブロックチェーンを活用しているサービスとして最も有名なのは「ビットコイン」でしょう。ビットコインは、読者の皆さんもテレビのニュースや会話の中で聞いたことがあると思います。このビットコインに代表される仮想通貨こそ、ブロックチェーンを活用していて、今、最も注目を浴びているサービスです。

ご存知のようにビットコインは世界最初の仮想通貨です。まだ誕生して10年ほどです。もともとは、あるプログラマー集団の中でのちょっとした実験に使われていたものです。ビットコインというインターネット上に存在するひとつの価値をつくり、それをお互いに交換してみようというものでした。

その後、ビットコインの仕組みがよくできていたので、興味を持つ人が増えていきました。ビットコインに価値を感じ、物品と交換できるように発展します。インターネット上で生まれたデジタル情報が現実の世界で利用できるモノに変化したわけです。

今では、ビットコインは円やドルと交換できます。それ故に、ますます保有者が増え続け、日本でも2017年ごろから一般化してきました。今では、世界中で数百万人以上が

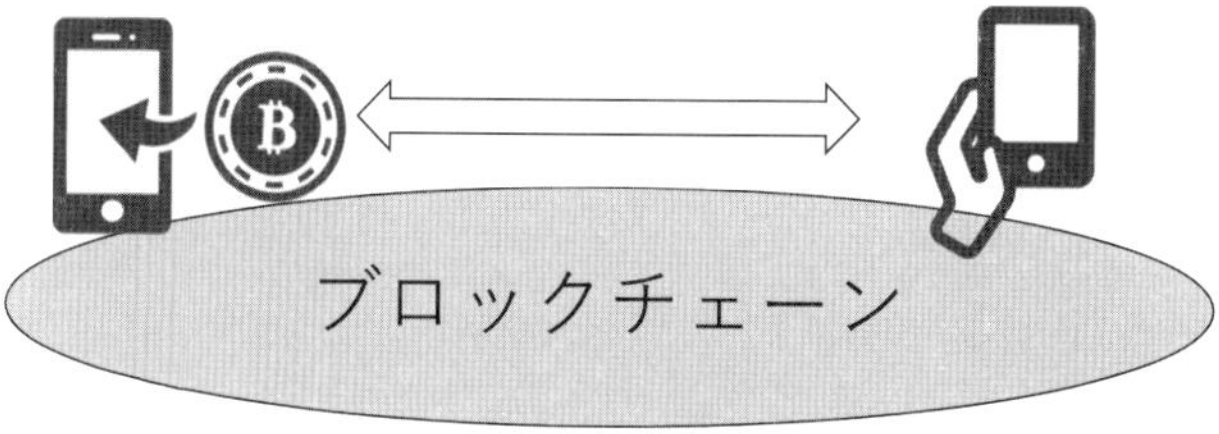


ブロックチェーンの仕組みが世界中での仮想通貨取引を支えている

ビットコインを保有しています。発行されているビットコインの総額、いわゆる時価総額は、日本円にして30兆円を超える規模となっています（ちなみに、ビットコインの日本円での価格は、日々上がったり下がったり乱高下するので、時価総額に変動します）。

筆者は、２０１６年７月にベトナムの仮想通貨取引所の視察に行く機会に恵まれました。視察訪問するまでは、正直なところ仮想通貨やビットコインに対してはギャンブル的なイメージが強く、一般への普及に対して懐疑的でした。しかし、現地の取引所の運営者が平然と言った「この仮想通貨取引所では、１００万人以上のユーザーが仮想通貨の売買をしています。総額は、１０００億円を超えています」という言葉に耳を疑いました。知らない間に世界では、仮想通貨が一定のポジションへと成長を続けていたのです。

国や地域が発行する通貨に円やドル、ユーロなどの種類があるように、仮想通貨にも種類があります。仮想通貨は、ビットコイン以外にもすでに1000を超える種類があります。

この新しく増え続ける仮想通貨を、世界中で数百万人以上の人々が自由に売買できるのは、ブロックチェーンの仕組みのおかげです。

## ブロックチェーンは、○○と○○の役割を担う

ビットコインなどの仮想通貨取引でのブロックチェーンの利点とは、「離れた相手との取引を誰にも邪魔されず2人だけで素早くできる」ことです。少しイメージがわきにくい表現ですので、日本から地球の裏側にあるブラジルの友達にお金を送りたい場合を例として、ブロックチェーンの役割を確認しましょう。

日本からブラジルへの海外送金は、日本国内での送金に比べると多くのハードルがあります。ひとつは手数料の問題です。送金には、日本やブラジルの複数の金融機関の仲介が必要です。したがって、手数料の合計が1万円を超えることもあります。それに加えて、送金手続きには、金融機関で何枚も書類にサインしなくてはいけません。忙しいとき、銀

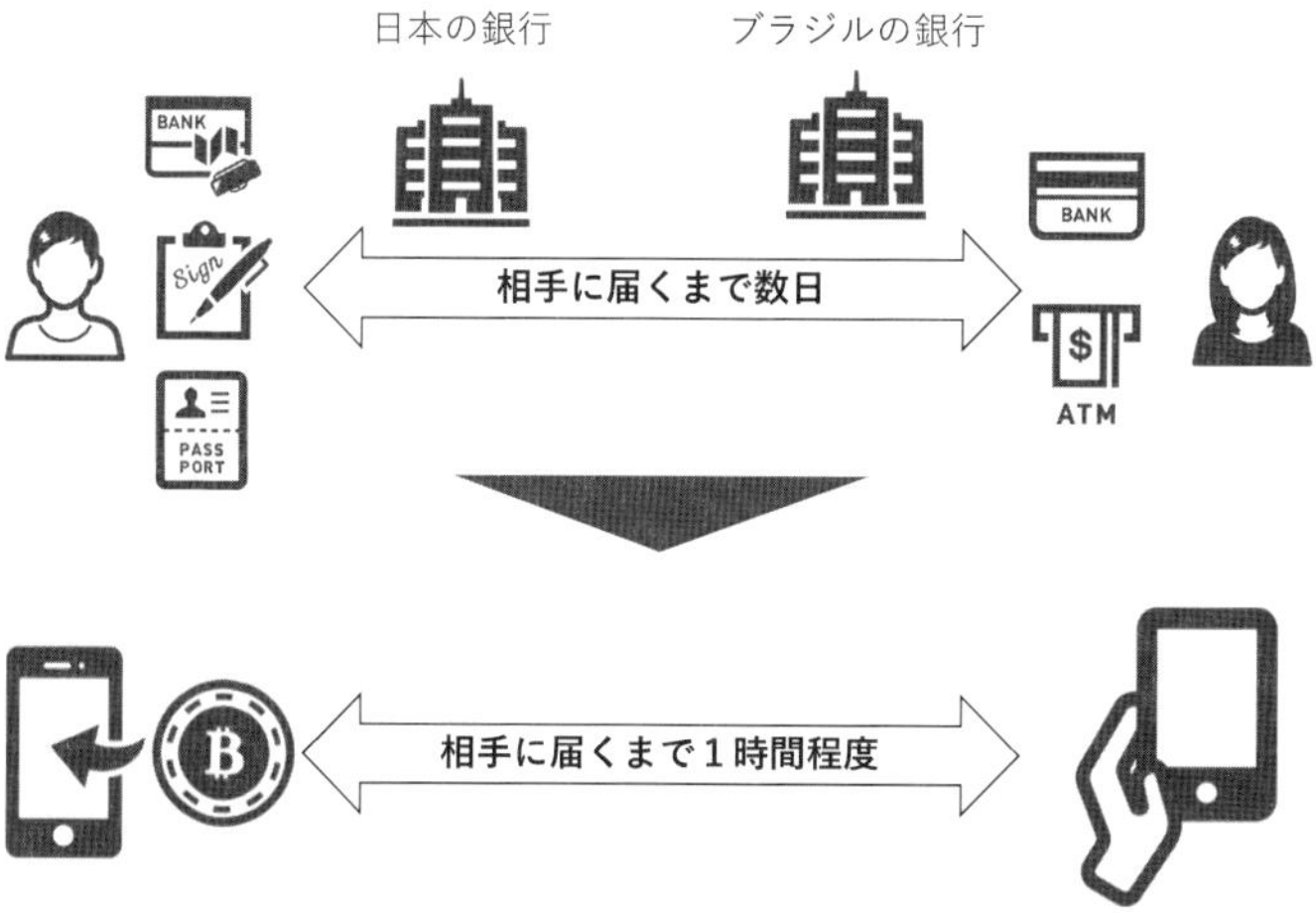


遠くの相手への送金を誰にも邪魔されず2人だけで素早くできる

行の窓口に並び、免許証を提示したり、書類に記載したりと手続きが必要です。やっと振り込めたと思っても、相手に届くのは数日後になります。

ブロックチェーンを使う仮想通貨であれば、仲介者は必要ありません。送金手数料も数百円で済みます。ソファーに寝転びながら、自分のスマートフォンからブラジルの友達に送金することができます。しかも相手には1時間もしないうちに届きます。誰かが途中で送金を止めることもできません。明らかに今までよりも「早く、安く、確実に」送金ができます。

なぜ、このようなことができるのでしょうか?それは、ブロックチェーンが国の「信用力」と金融機関の「仲介業務」の2つの役割を代行してくれるからです。

## 信用の新しい形

まず、「信用力」のほうを説明します。ご存知のように円やドルに代表される法定通貨は、国が発行しています。円は日本、ドルは米国が責任をもって発行しています。私たちが円やドルを安心して利用できるのは、国がしっかりと管理してくれているという見えない信用があるからです。私たちが、野口英世さんが描かれた紙を千円札だと認識するのは、発行している日本を信用しているからです。海外の見慣れない紙幣を見たときに「本当にお金?」と、なんとも言えない違和感があるのは、そのような理由からでしょう。

仮想通貨は、国は関係ありません。ブロックチェーンが国の代わりに仮想通貨の信用を担保してくれます。自分が持っている仮想通貨(例えば、ビットコイン)が本物であることと、相手に仮想通貨を送金したことが間違いないということを保証してくれます。

ブロックチェーンは、どうしてそのようなことができるのでしょうか? それは、ブロックチェーンでの取引情報の改ざんが事実上、不可能(非常に困難)だからです。

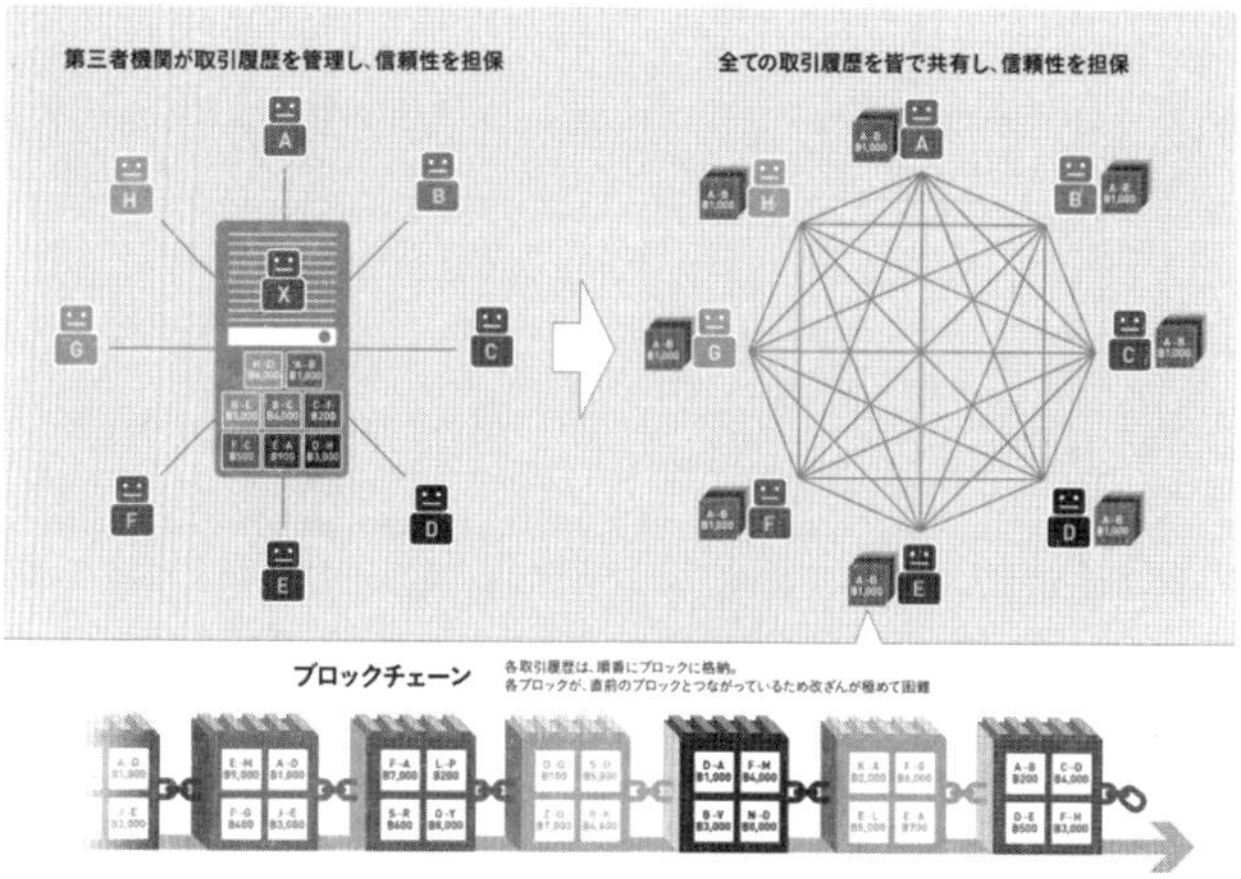


すべての取引履歴を皆で共有し、信頼性を担保。改ざんが極めて困難

出典：経済産業省資料

そもそもブロックチェーンは、「これまで1つの場所で集中的に管理していたものを分散させて管理しよう」という考え方がベースになっています。発想の根底にあるのは、集中的に力を持ったひとつの会社などの組織やシステムにコントロールをすべて任せるのではなく、取引に参加するひとり一人が相互に信頼し合い、助け合って管理していこうという共助・共同管理の考え方です。

その考え方からブロックチェーン取引は、すべての取引履歴をブロックチェーンに参加している全員で共有します。参加者は世界中にいますので、誰かが故意に変更を行っても、すぐにウソだと見破ることができるのです。特定の誰かに信用を担保してもらうのではなく、参加者全員で確認し合うことで、行われた取引の信頼性を担保します。

## 仲介者のコントロールからの脱却

次に、「金融機関による仲介業務」についてです。お金を振り込みたいときは、銀行の窓口やATM（現金自動預け払い機）から相手の銀行口座にお金を振り込みます。ほとんど意識しませんが、自分と相手の間では銀行が仲介役を担ってくれています。

しかし、仮想通貨の場合は、仲介役は必要ありません。ブロックチェーンが仲介を代行してくれるからです。特定の誰かに仲介を依頼することなく、まさに相手に直接お金を振り込むことになります。

「今までだって、直接相手にお金を渡せるよ」と言う声が聞こえてきそうです。確かに今までも、目の前の相手とは直接モノの交換やお金の受け渡しができました。しかし、遠く離れた場所の人にお金を渡す場合は、常に仲介者に頼っていたのです。

非常に大切なところですので、仲介者への依存と取引にかかる時間とコストについても

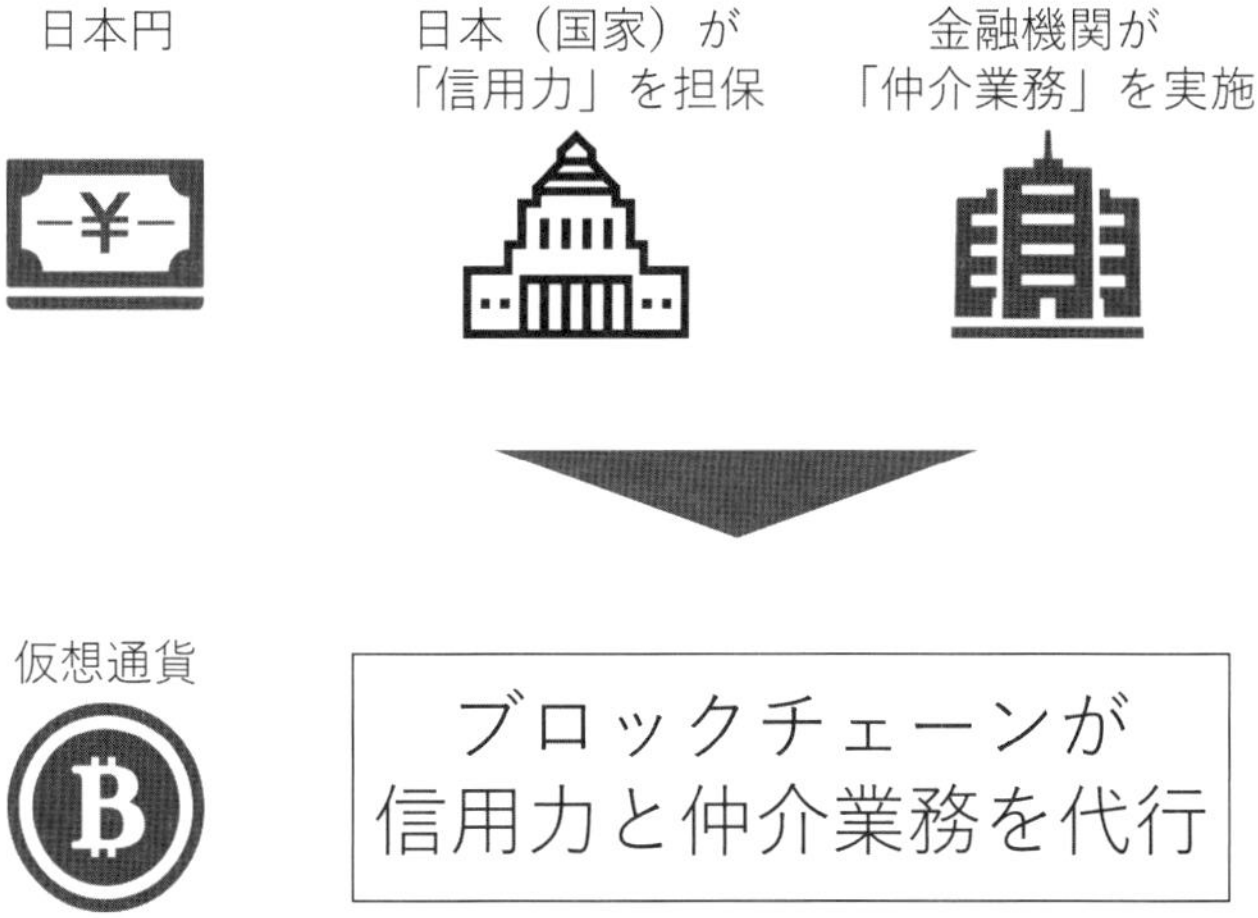
日本円
日本（国家）が
「信用力」を担保
金融機関が
「仲介業務」を実施
仮想通貨
ブロックチェーンが
信用力と仲介業務を代行

う少し説明します。

先ほどのブラジルへの送金の例からもわかるように、遠くの人に何かを送りたいときほど、この仲介者の影響力をより感じることになります。仲介者の力は絶大です。もし、仲介者である銀行が、あなたの書類が揃っていないなどの理由で相手への送金をストップしようと思えば、それは可能です。

それだけではありません。銀行の都合で取引に３日かかるといわれれば、私たちの都合に関わらず、相手の口座に届くまで３日かかってしまいます。突然、仲介手数料の値上げを通告されても、他に仲介者がいなければ、要求に従わざるを得ません。

銀行に限らず、Yahoo（ヤフー）のネットオークションやメルカリなどの個人間取引サイトでも同様です。私たちは仲介者であるサイト運営会社や決済を代行してくれるクレジットカード会社を信用し、彼らに手数料を払って仲介をしてもらっています。

少しおおげさにいえば、私たちは、離れた相手との取引において常に仲介者にコントロールされているのです。しかし、ブロックチェーンは、特定の仲介者を必要としません。本当の意味での個人間の直接取引を実現します。

## ビジネスインパクト1：小さな価値の直接取引を実現

仮想通貨の事例では、ブロックチェーンは国の「信用力」と金融機関の「仲介業務」の2つの役割を担っています。そのおかげで仮想通貨は、「離れた相手との取引を誰にも邪魔されず2人だけで素早くできる」ことを実現しました。

ブロックチェーンが信用や仲介役を代行し、時間やコストを大幅に短縮することは、ビジネスに大きな変化をもたらします。これまでは、コストが合わない理由から実現できなかったさまざまな取引を、可能にしてくれます。

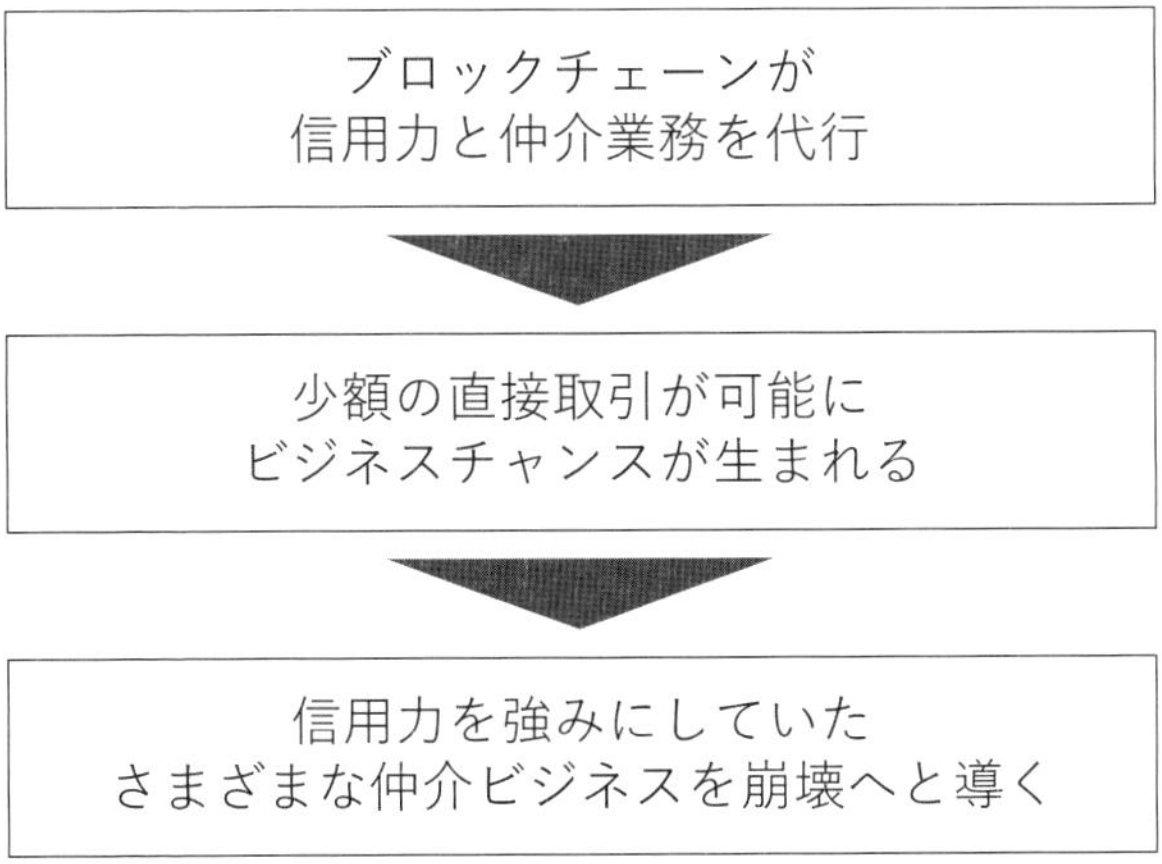
ブロックチェーンが
信用力と仲介業務を代行
少額の直接取引が可能に
ビジネスチャンスが生まれる
信用力を強みにしていた
さまざまな仲介ビジネスを崩壊へと導く

例えば、小さな価値の取引ができるようになります。なぜなら仲介者（お金の場合は、金融機関）が不要なことで、取引にかかるコストが最小限で済むからです。実際に日本国内でも、東京から福岡の友達に銀行から５００円送金するのに手数料が１００円くらいはかかるでしょう。送金の中で２割程度が手数料としてなくなってしまいます。これが５００円送金するのに10円以下の手数料になったらどうでしょうか？今まで顧みられることのなかった少額の取引でも利益を出すことが可能になります。これは、ビジネスの対象が大幅に広くなることにつながりますので、これまでにない多様なアイデアによって多くのビジネスが生まれてくるでしょう。

個人同士での直接取引が一般的になればなるほど、銀行などの社会的信頼性の高い大きな組織にわざわざ仲介を依頼する必要がなくなります。

仲介者に依存しないブロックチェーンの普及は、今ある多くの仲介ビジネスにジワジワと影響を与えていくでしょう。結果として、信用力を強みにしていたさまざまな仲介ビジネスを崩壊へと導く可能性までも秘めています。

## ビジネスインパクト2：業務の効率化、業務の自動化（スマートコントラクト）

仮想通貨以外の例からも、ブロックチェーンの利点を確認しましょう。ビジネスで契約書を交わすときのフローを思い出してみてください。契約書は、あらかじめ2部作成し、2部が同じ内容であることを確認して、押印します。同じ内容の契約書をお互いに1部ずつ保管するのは、契約書が勝手に改ざんされないようにするためです。締結した契約書は、鍵のかかったロッカーなどに厳重に保管します。これまで、契約の締結・保管にはこのように、多くの時間やコスト、手間がかかっていました。

ブロックチェーンは、この契約締結のフローを単純に、かつ速やかにします。手順は、契約内容を確認し、双方がインターネット上でサインするだけです。契約に合意したという内容がブロックチェーンに書き込まれると、その事実は「改ざん困難な情報として保存される」という特徴によるものです。

例えば、2月5日に土地の売買契約が交わされ、ブロックチェーン上に契約内容と2人のサインが書き込まれると、その事実は改ざん困難な情報として保存されます。誰かが勝手に手を加えることはできません。したがって、わざわざ紙に印刷、押印・保管をし合う必要もありません。

それだけではありません。ブロックチェーンのこの機能を活用することで、契約内容に則《のっと》って自動的に取引を実行することもできます。「自動的に」と表現しても、これまでの常識ではイメージがしにくいでしょう。

レンタカーを借りる場合で説明します。ブロックチェーンを活用すれば、レンタカー会社の人とお客さんの書類の手続きが不要になります。お客さんは、レンタカー会社の駐車場に駐車されている車の中から気に入った車を選び、乗り込みます。運転席横のモバイルモニターに記載されているレンタルの条件を確認し、ブロックチェーン上の契約書に同意します。すると、自動的にエンジンがかかります。レンタカーが、ブロックチェーンでの契約に則って自動的にエンジンがかかる仕組みになっているのです。将来的には、個人間での自動車のシェアリングなどにも活用されるでしょう。

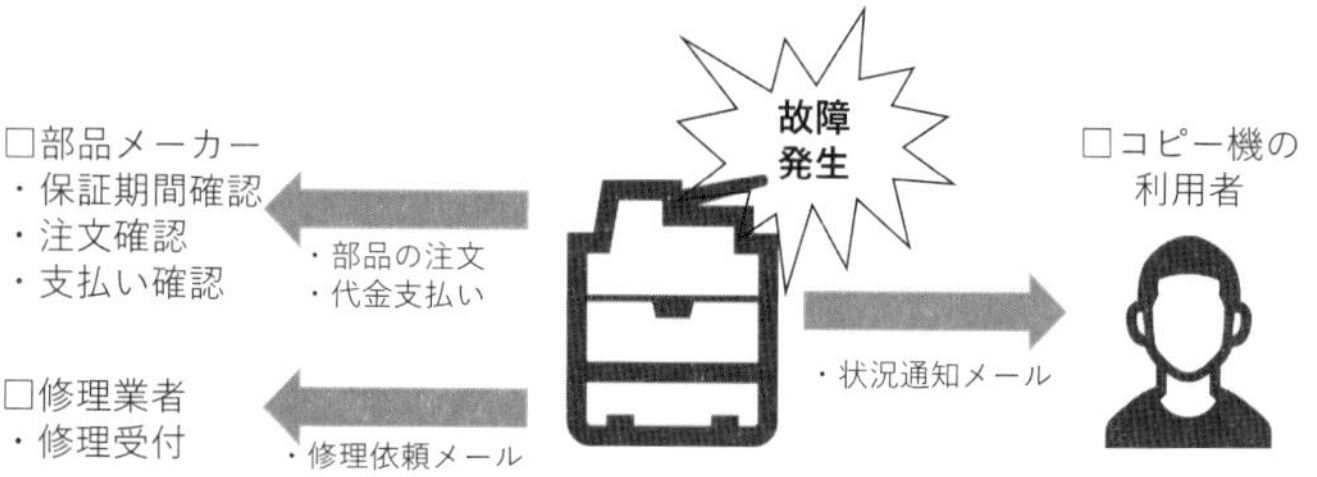


人がいないと進められなかった業務を自動化（スマートコントラクト）

この仕組みは、非常に便利です。ビジネスシーンでは、契約後のアフターサポートも自動化できます。もし明日の朝、会社のコピー機が故障したら、あなたは慌てて修理会社に電話するでしょう。しかし、ブロックチェーンで仕組みをつくると様変わりします。

故障が発生すると、コピー機自身が自動的に利用者にメールで通知します。同時に修理業者には、修理依頼の連絡が自動送信されます。部品の取り換えなどの必要があれば、コピー機が部品の注文や支払いまでを自動で行うこともできます。修理完了までの期間が、ぐっと短くなります。

ブロックチェーン関連の専門用語になりますが、契約に基づいて自動的に業務が実行される仕組みを「スマートコントラクト」と呼びます。ブロックチェーンから派生したスマートコントラクトの活用で、これまでは人がいないと進められなかった業務を自動化・スピードアップすることができるのです。

## ビジネスインパクト3：自分たちで証明書がつくれる？

ブロックチェーンの「第三者による情報の改ざんができない」という特徴は、記載されている情報が正しいと全員が理解できるため、新たな価値を生み出します。私たちがパソコンでつくった文書は、誰でも書き換えが簡単にできます。ワードでつくられたテキスト文書は、ワンクリックでコピーできます。ワードで作成した請求書をお客さんにメールで送付しても、印刷して、押印して、原本をわざわざ郵送しなければなりませんが、これは、メールで送った請求書の情報が容易に書き換えられるからです（ＰＤＦにして添付するという手もありますが、請求書を郵送されている人が多いのではないでしょうか）。

しかし、ブロックチェーンは書き込まれた情報が改ざんされていない、正しい情報であることが証明できます。参加者全員が正しいと確認できる情報は、住民票などの公的な証明書と同様に、単なる紙ではなく、情報価値を持った証明書になります。ブロックチェーンの仕組みを活用することで、自分たちで皆が信じられる証明書をつくることができます。

Sony Global Education

デジタル成績証明書をブロックチェーン上で管理

成績を証明するためには原本の提出が必要

証明書の真正性を確保できるのでデータでのやりとりが可能

□学習履歴を信頼性高く保存することが可能
・信頼できる環境でのデータ保存　・学習履歴の改ざん防止
□学校間での成績・校務情報の連携、匿名化したデータの分析などデータの公開範囲の設定が可能
・複数機関でのデータ共有　・柔軟なアクセス制御

出典：ソニー・グローバルエデュケーション　https://blockchain.sonyged.com/

□ブロックチェーンの仕組みがもたらすビジネスインパクト

改ざんが困難なデジタル情報を作成できる

記録した情報が正しい情報であることを皆が共有できる

| | | |
|---|---|---|
| 離れた場所にいる個人同士が安心して直接取引ができる | 契約締結などがスムーズになり、契約情報に基づいた業務の自動化も可能 | 自分たちで証明書や権利書を作成できる（新たな情報価値を生み出せる） |

したがって、複数の人や組織で互いに情報を共有、管理するときにとても役立ちます。

例えば、ソニーの子会社であるソニー・グローバルエデュケーションは、学生の成績証明書などをブロックチェーンで管理し、複数の教育機関で共有できるサービスを始めました。このサービスにより、大学入試や就職活動などの際に毎回、成績証明書などの書類を印刷して紙で提出する手間が省けます。高校の先生や受験生、大学の先生の時間とコストも大幅に減らせます。

このように、改ざんできない情報を複数の人で閲覧・共有できることは非常にメリットがあります。ブロックチェーンを活用して、これまでは、難しかった情報の正しさを証明し、価値を与えることが可能になります。

## 5つのユースケース

ブロックチェーンの持つ大きな影響力には、世界中の国や企業が期待と脅威を感じています。かつてインターネットの普及とともに力をつけてきたGoogle（グーグル）、Apple（アップル）、Facebook（フェイスブック）、Amazon（アマゾン）などに代わり、ブロッ

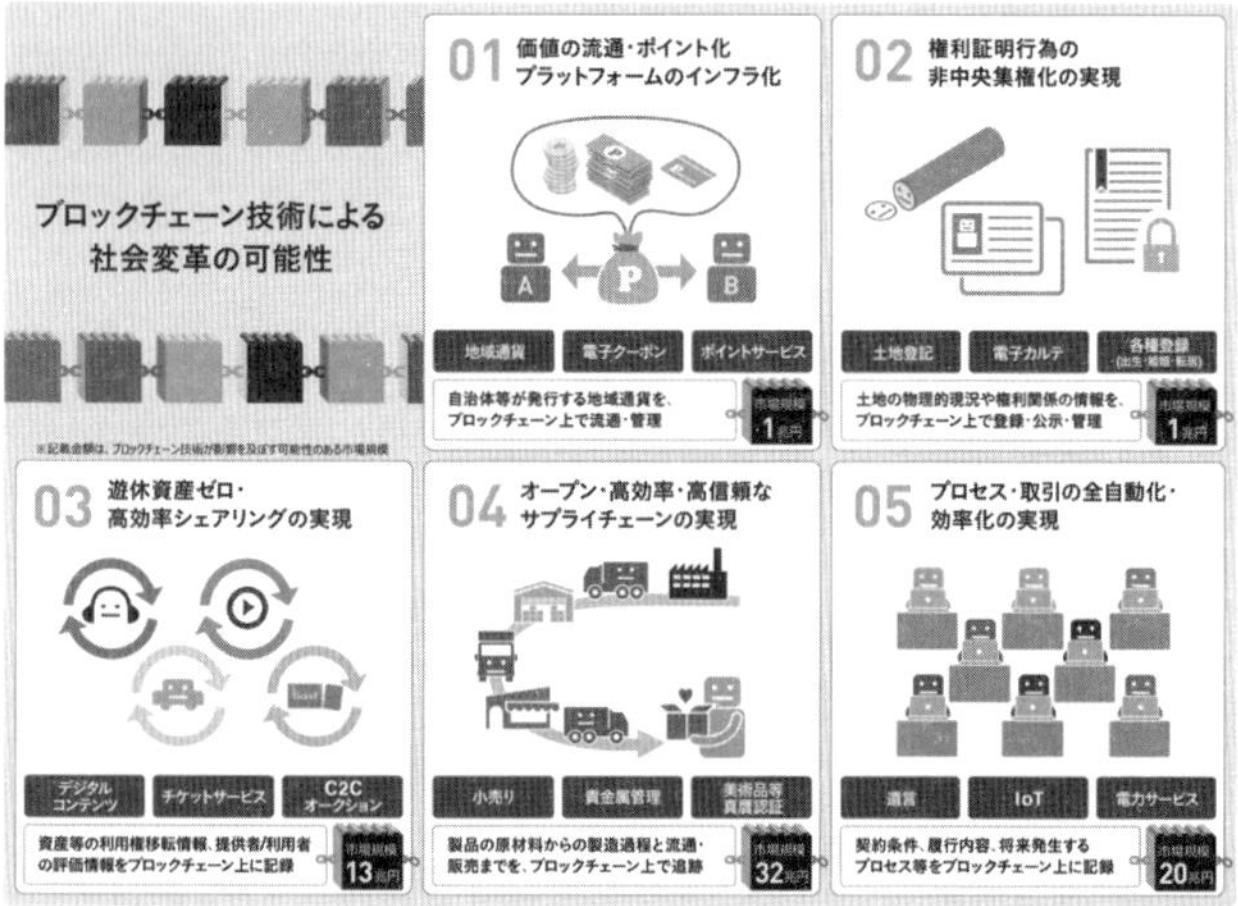


ブロックチェーンを活用したサービス関連市場規模が67兆円に上ると試算

出典：経済産業省資料

クチェーンを活用して世界を席巻《せっけん》する組織（企業や団体）が出てくるのではないかと考えられています。

２０１７年４月に発表された経済産業省の報告では、ブロックチェーンを活用したサービス関連市場規模が67兆円に上ると試算されています。報告書の中で経済産業省は、ブロックチェーンによる社会変革の可能性として、想定する５つのユースケースを発表しています。

その１　価値の流通・ポイント化、プラットフォーム（基盤）のインフラ化が１兆円。

その２　権利証明行為の非中央集権化の実現が１兆円。

その3　遊休資産ゼロ・高効率シェアリングの現実が13兆円。
その4　オープン・高効率・高信頼なサプライチェーンの実現が32兆円。
その5　プロセス・取引の全自動化・効率化が20兆円。
国のブロックチェーンに対する期待度がわかる報告です。

## ブロックチェーンが役立つ場面は?

ブロックチェーンがより役立つのは、どのような場合でしょうか? 利用メリットが大きいのは、多くの関係者で情報を共有して更新していく場合です。なぜなら、1つの情報を複数の人や組織で共有・管理する際には、時間やコストがかかるからです。

患者さんの医療情報を複数の医療機関で共有する場合や、保険会社が自動車の事故情報を、他の保険会社や自動車メーカー、修理工場と共有する場合などが該当します。先ほどの学生の成績表などを複数の教育機関で共有する事例も同様です。

限られた組織の中で情報を共有・管理する場合は、わざわざブロックチェーンでつくられた仕組みを利用する必要はありません。したがって、従来の仕組みをブロックチェーン

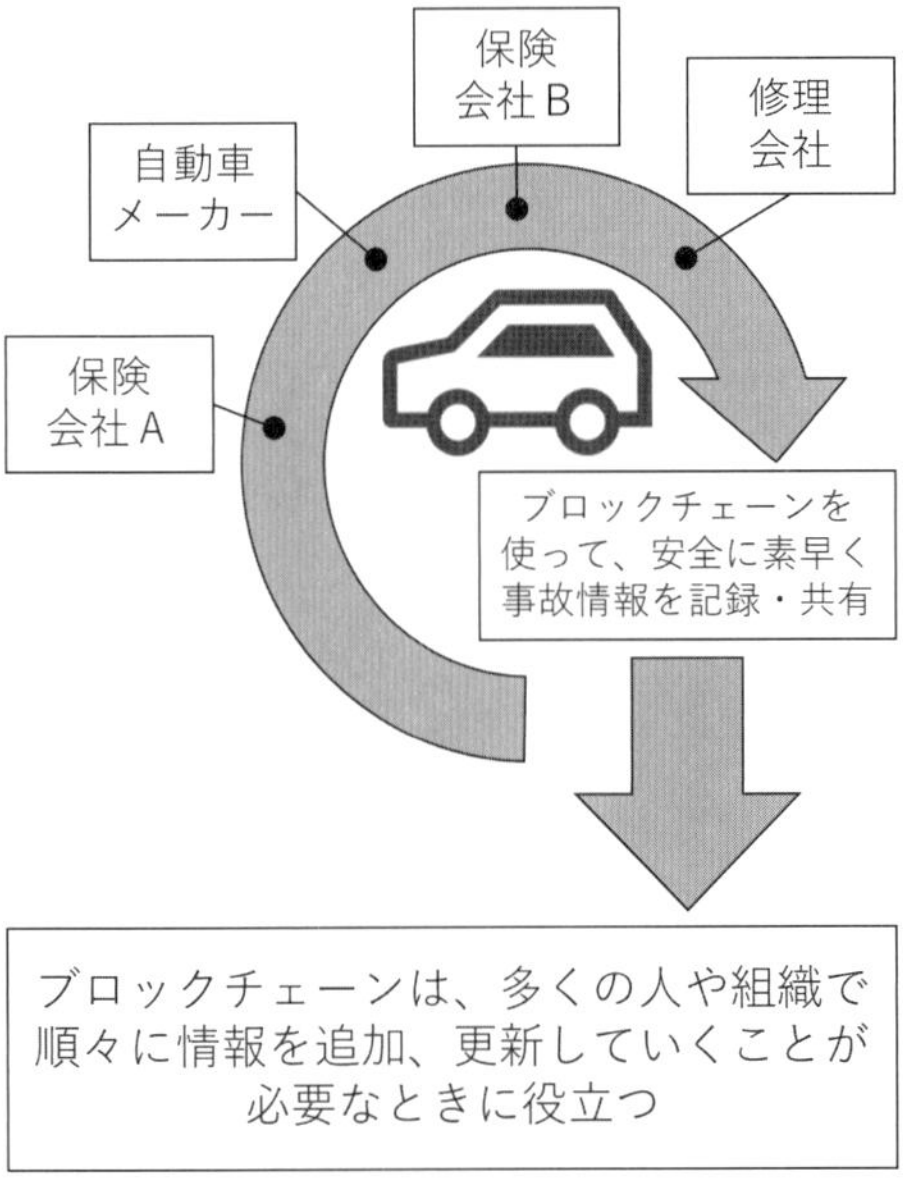
保険
会社B
修理
会社
自動車
メーカー
保険
会社A
ブロックチェーンを
使って、安全に素早く
事故情報を記録・共有
ブロックチェーンは、多くの人や組織で
順々に情報を追加、更新していくことが
必要なときに役立つ

に置き換えるだけの場合は、つくり直すコストメリットがあるかどうかについて慎重に検討する必要があります。

対して、多数の人が介在し、情報のやり取りや取引に多くの時間とコストがかかっていることが明らかな場合は、ブロックチェーンでの仕組みの構築に非常に向いています。言い換えれば、ブロックチェーンは、立場が異なる多くの人や組織で随時情報を追加、更新していくことが必要なときに役立ちます。企業間のやり取りが格段にスピードアップし、ビジネスの可能性が広がります。

第2章では、エネルギー業界の現状や今後について確認します。そのなかでのブロックチェーンの利用可能性についても考えます。

# 第2章

## 新たに生まれる100兆円市場
## 急激な変化の渦中にある
## エネルギー産業

本章は、日本と世界のエネルギー産業についてです。各国を取り巻く現状や課題、共通点や相違点を交えて紹介します。加えて、ブロックチェーンが、どのように活かせるかについても考えていきます。

日本は、送電線やガスパイプラインが海を越えた外国とつながっていません。その理由から、エネルギー政策の将来を語る際、日本国内の市場動向に重きを置いて議論することが多かったように思います。

確かに10年前であれば、それでもよかったでしょう。しかし、これからは状況が異なります。なぜなら、ライバルとして海外の企業が日本の市場に参入してきているからです。実際に再生可能エネルギー市場では、米国や中国、イスラエルなど多くの海外企業が参入しています。

日本市場で海外勢と競争していくためには、彼らの考え方や行動パターンを理解する必要があります。もちろん、守りだけでなく、これから経済成長が期待できるアジア・中東・アフリカの市場に日本企業が果敢《かかん》に進出していく際にも世界の動向を理解していることは、非常に有益です。したがって、国内の状況を把握すると同時に、世界の国々が、どの方向に舵《かじ》を切っているのかを把握し、将来像を描いていくことが大切です。

## 分散型発電の台頭

日本のエネルギー業界は、大きな変化の渦中《かちゅう》にあります。まずは、日本の現状について電気の発電・送電・売電の３つの領域に分けて確認しましょう。

発電領域では、分散型発電がキーワードです。政府は、２０３０年に再生可能エネルギーの比率を22％以上にする目標を掲げています（参考：２０１４年時点で12％程度）。２０１２年から始まった再生可能エネルギーの固定価格買取制度が太陽光や風力、バイオマスによる発電の普及を後押ししています。

従来の発電方法である火力発電所に比べると、太陽光や風力での発電量は、とても少量です。例えば、太陽光発電所は火力発電所に比べると、メガソーラーでも数十分の１程度、家庭での発電は１万分の１以下の発電規模です。

しかし、設備が小さい分、建設期間が短く、発電に適した場所も豊富にあります。住宅の屋根や空き地、池、湖沼、海岸、日本全国津々浦々で発電できます。そのため、従来の大規模集中型発電と対比する形で「分散型発電」と呼ばれています。固定価格買取制度のスタート以降、特に太陽光発電は急速に普及してきました。読者の皆さんも、屋根や休耕

発電分野（日本）２０１９年問題

2009年スタートの固定価格買取制度の買取期間10年間

2009年から買取期間（10年間）の終了を迎える家庭が出現

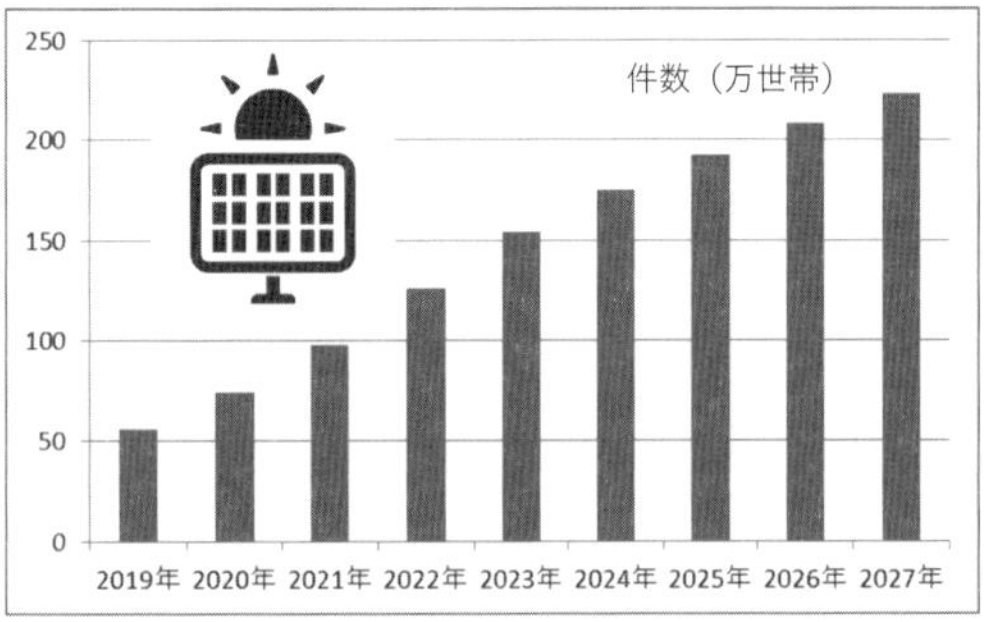


2019年だけで固定価格買取制度が終了する太陽光発電が約50万世帯
以降、毎年20万世帯前後で増加し、2027年ごろには200万世帯以上に

田だった場所に設置された太陽光パネルを目にする機会が増えているでしょう。

この固定価格買取制度には、「２０１９年問題」と呼ばれる難題があり、筆者の周りでも徐々に話題に挙がってきています。エネルギー業界の方は、よくご存じの問題だと思います。これまで、家庭で太陽光発電を設置した場合、固定価格買取制度により太陽光発電設置から10年間、自宅で利用せずに余った電気を非常に高い単価で電力会社に購入してもらうことができました。この制度が始まったのは２００９年。ちょうど10年の期限が切れ始めるのが

発電分野（日本）２０１９年問題への対応策

太陽光設置者（家庭）

□想定される行動
　家庭で発電した電気を有効活用し、
　メリットを拡大させる

1　洗濯機・乾燥機などの家電製品の日中稼働
2　蓄電池の活用（日中蓄電、夜利用）
3　ＥＶの活用（太陽光⇔ＥＶ）
4　余った電気を近くの家庭とシェア

異なった事情やニーズを持つ小さな発電所が日本中に出現

２０１９年。つまり、２０１９年以降は、余ってしまった電気を、これまでのように高い単価で買い取ってもらえない家庭が急増する、というのが２０１９年問題です。その世帯数は、２０１９年では約50万世帯、そのあとも毎年20万世帯程度増え続け、２０２７年ごろには２００万世帯を超えます。

　10年間、高い単価で購入してもらっていた家庭にとって買い取り期間の終了は、以前からわかっていた話とはいえ、非常に悩ましい問題です。なぜなら11年目からどのように行動するのが自分たちにとって一番お得なのかは、誰も教えてくれないからです。

　電気を高く買い取ってもらえなくなる家庭は、どのような行動を取るのでしょうか？　まずは、せっかく発電した電気を自分たちでより多く使おうと考えるでしょう。

例えば、太陽光での発電が多い日中に、洗濯機や乾燥機の利用時間をずらす工夫が考えられます。とはいえ、工夫にも限界があります。そうなると余った電気を貯めておく目的で蓄電池の購入を検討するでしょう。蓄電池以外にも、将来的には電気を大量に貯められるEV（電気自動車）の購入を検討する家庭もあるでしょう。

自宅での電気利用が少なく、電気が大量に余る家庭であれば、近隣の家や地域の家庭に電気を販売したいというニーズが自然と生まれるでしょう。つまり、2030年ごろには、200万以上の各々異なった事情やニーズを持つ小さな小さな発電所が日本中に出現します。

## 負の連鎖に陥る送電網

電気を送る送電領域でも大きな変化があります。これには、人口減少が大きく影響しています。電気を安全に届けるには、電線の保守・点検・整備が欠かせません。しかし、電気を利用する人が減ってしまった地域では、発電所から電気を届ける電線の維持費を電線

送配電分野（日本）

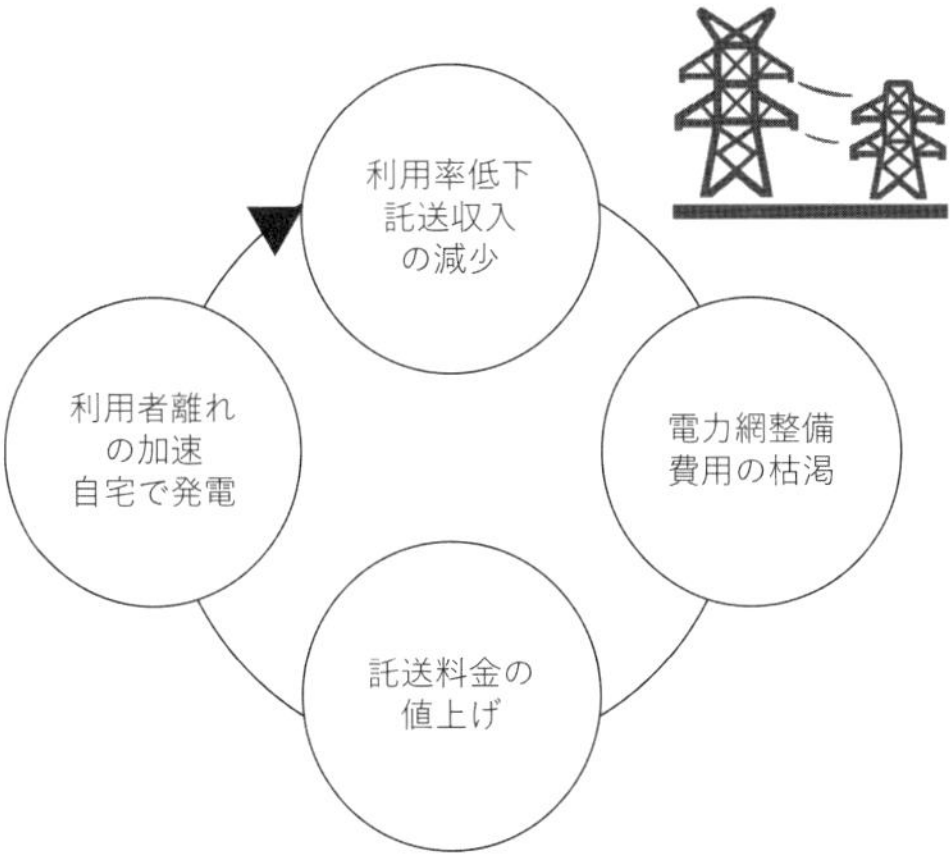


送配電分野では、負の連鎖が起こりつつある

の利用料金（託送料金）では補えなくなってきています。つまり「電線の維持費＞電線収入（託送収入）」となります。

　人口の減少により、採算が合わない地域が増え続けてしまうとどうなるのでしょうか。電線維持に使える資金が徐々に減り、最終的には赤字が膨《ふく》らみ、送電線網全体を維持していくことに支障をきたすことが予想されます。

　人口減少が引き起こす現象として、テレビで田舎の空き家問題や、老朽化した橋の維持費の問題を目にしますが、同様に電気を送る電線の維持費を、どう捻出《ねんしゅつ》していくかが今後の大きな課題として懸念されています。

この問題には、人口減少とともに、太陽光発電などの分散型発電の普及も関係していま す。自ら発電して自ら利用する家庭や工場が増えれば増えるほど、遠くの発電所から電気を送る電線の利用率が減少します。つまり、分散型発電の増加は、人口減少とともに電線の利用率低下に影響します。そのまま電線収入の減少(託送収入の減少)につながり、維持費の捻出が難しくなります。

「それならば、対策として利用料金(託送料金)を値上げすればよいのでは?」と思うかもしれません。しかし、それは、電力会社から電気を購入している家庭や企業の電気代に影響してしまいます。電力会社から購入する電気代の単価が上がれば、電気を電力会社から購入する代わりに太陽光パネルを設置して自ら発電したほうが、実質お得になると考える家庭や企業が増えます。したがって、電線を利用しない家庭や企業の増加に拍車がかかります。まさに負の連鎖が起こってしまうのです。

## ４００社がひしめく電力販売

最後に電気の販売（売電）の部分を確認しましょう。日本は、２０１６年４月に電力の小売りを全面自由化しました。これにより、家庭や小規模企業を含めたすべての人が電力会社を選べるようになりました。全面自由化から2年程度経過しましたが、切り替え率は１割程度です。加えて、２０１７年４月に都市ガスの小売り自由化も始まりました。徐々に消費者が自ら電気やガスを選ぶという意識が根づいてきています。

電力市場は、日本全体で20兆円。外食産業の市場規模に匹敵する大きさです。ビジネスチャンスを狙って、電力小売り（新電力）事業者が増えました。参入企業は、通信会社や不動産会社、石油会社、電鉄会社、商社、自治体など多岐にわたっています。

電力小売り事業者は、日本全国で４００社ほどに増加し、販売競争が非常に激しくなっています。料金の値下げ競争には限界があります。今後10年ほどの間で淘汰《とうた》が進み、他社にない新しい付加価値を提供できる企業が生き残るでしょう。

太陽光発電を中心とした小さな分散型発電の大量発生、人口減少による送電線の整備コスト問題、新しい企業の参入による販売部分での競争激化――日本市場は、発電・送電・

## 売電分野（日本）電力小売り事業への参入企業

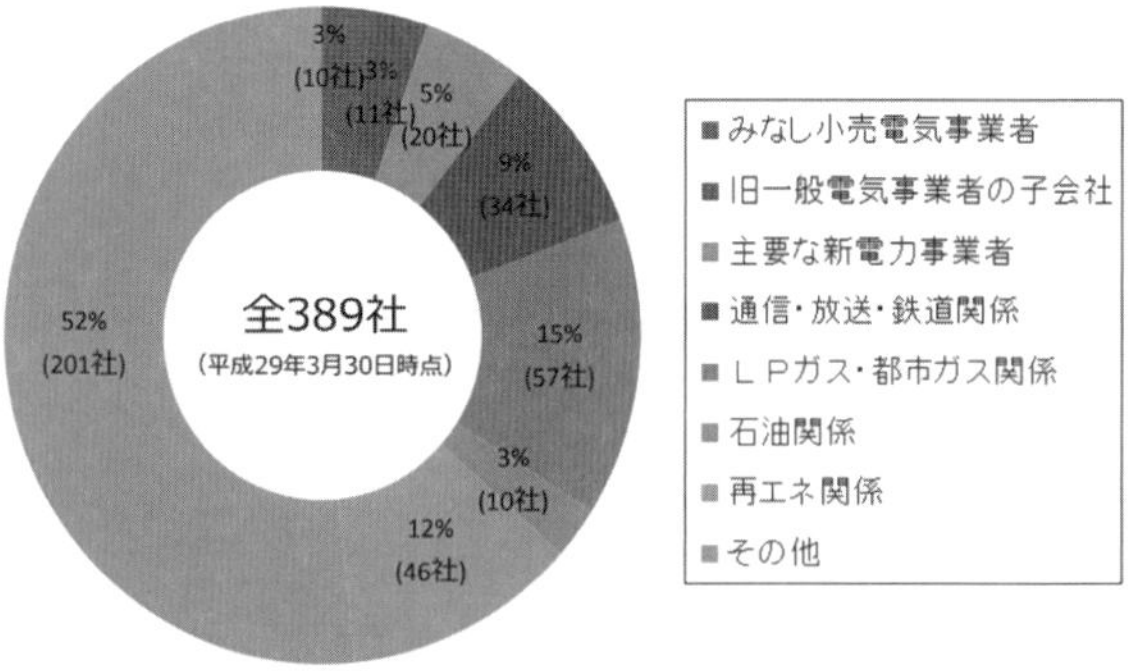


電力小売り全面自由化以降、多くの異業種企業が電力販売を開始

出典：経済産業省

## 日本の現在の状況まとめ

| | |
|---|---|
| 発電 | ・太陽光発電などの分散型発電が増加<br>・2019年問題<br>200万以上の異なったニーズを持つ<br>小さな発電所が日本に出現 |
| 送配電 | ・電線整備費用、維持費用の捻出問題<br>分散型発電の増加は、人口減少とともに<br>電線の利用率低下に影響 |
| 売電 | ・2016年、電力小売り全面自由化<br>電力会社が全国で400社以上に増加<br>消費者がエネルギーを選ぶ時代に |

発電・送電・売電のすべての領域で大きな変化に直面
問題をチャンスに変え、新しい「社会モデル」を生み出すチャンス

売電のすべての領域で大きな変化に直面しています。変化は、新たなニーズをもたらします。筆者は、ここにブロックチェーンを活用することで、問題をチャンスに変え、新しい「社会モデル」を生み出すことができると考えています。

## 経済的メリットを追求する欧米の国々

欧米は、日本とは事情が異なります。欧米では、再生可能エネルギーの発電コストが既存のものよりも安くなる事例が出てきています。太陽光や風力発電のコストが従来の火力発電コストよりも同等、もしくは安価になってきているのです。

そのため、政府が環境への配慮から政策として無理に再生可能エネルギーの普及を進めているのではなく、より利益が上がるという経済的メリット（経済的合理性）の観点から再生可能エネルギーの普及が拡大しています。この、無理をしなくてもよい構造が日本と海外の大きな違いです。

例えば、北欧や米国の風力発電では、キロワット時あたり6円。ドイツでの太陽光発電では、キロワット時あたり10円。日本での再生可能エネルギーの発電コストの半分もしくは3分の1で発電ができるようになっています。

ビジネスの視点から、より利益が上がる選択肢として再生可能エネルギーが選ばれ始めています。そのため、この流れは止まりません。むしろ、より加速していくでしょう。

各国の政府も、この流れを戦略的に後押ししています。なぜなら、エネルギーコストの低下による経済メリットは、自国のものづくりのコスト競争力にも直結するからです。政府としては、エネルギーコストを低減させることで、製造業や農業を含めた産業の国際競争力を上げていく狙いがあります。

例えば、2030年までにドイツは50％以上、ドイツのお隣のフランスでも40％の再生可能エネルギー導入を目指しています。

米国は、州によって再生可能エネルギーの導入に温度差があります。積極的なニューヨーク州では、2030年までに50％を再生可能エネルギーにすると宣言しています。それ以外にも米国のエネルギー省は、2017年9月に太陽光による発電コストが低下し、同省が2020年に設定していた目標を、予定よりも3年早く達成したと発表しています。

このように、挑戦的な計画を立てている国が増えています。

ご存知の方も多いと思いますが、再生可能エネルギーは、メリットだけではありません。発電量が季節や天候などの自然環境に大きく依存しているというデメリットも存在します。

再生可能エネルギーの比率と導入目標及び目標年

| | 再エネ比率 | 再エネ導入目標 | 目標年 |
|---|---|---|---|
| 日本 | 14.6% | 22～24% | 2030年 |
| ドイツ | 27.6% | 50%以上 | 2030年 |
| スペイン | 40.3% | 40% | 2020年 |
| 英国 | 20.3% | 31% | 2020年 |
| フランス | 16.9% | 40% | 2030年 |

どれだけ発電できるかは、太陽や風任せであり、日や時間によって大きく変動します。そのため、常に「電気が足りない！」、「電気が余ってしまう！」というリスクと隣り合わせです。

しかし、そのデメリットも蓄電池・ＥＶを活用することで解決しようと挑戦しています。エネルギー企業は、電力網をコントロールするノウハウを蓄積し、ランニングコストが低くて済む再生可能エネルギーの大量導入を目指しています。このエネルギーの需要と供給のバランスを蓄電池やＥＶを駆使してコントロールする部分には、ブロックチェーンが大いに役立ちます。

## 再生可能エネルギー100％を目指す企業達
## 挑戦するアップル、グーグル、テスラ

大胆なエネルギー転換を目指す欧米の各政府やグローバル企業は、経済メリットのある再生可能エネルギーに着目しています。これまでも自社のブランドイメージ向上を目的に、再生可能エネルギーを導入する企業は少なからずありました。それに加え、これからは、経済的合理性という企業にとってごく当たり前の理由から、再生可能エネルギーの導入を増やそうとしています。

例えば、事業を運営していくうえでの電気を100％再生可能エネルギーにすることを目標とした Renewable Energy 100% の頭文字を取った組織「RE100」が2014年に発足しました。すでに家具メーカーのイケアやスターバックス、アパレルのH&Mなど世界のグローバル企業120社が参加しています。日本企業では、リコーや積水ハウス、アスクルなど数社が加盟しています。

なかでもより野心的な挑戦をするアップルやグーグル、テスラの動きも見逃せません。

アップルは、巨大な宇宙船のような本社、アップル・パークを2017年に建設しました。屋根には、太陽光パネルが敷き詰められ、100％再生可能エネルギーで発電すると

「RE100（Renewable Energy 100%）」参加企業

100％再生可能エネルギーを利用することを目指す「RE100」が発足

出典：「RE100」　http://there100.org/

発表しています。

アップルは今、全社が利用するエネルギーの95%以上を再生可能エネルギーで賄《まかな》っているというから驚きです。さらにアップルの日本法人では、100%を達成するという目標を掲げています。その一環として、大阪で取り組みを進めています。300程度のビルの屋上に太陽光パネルを設置し、発電した電気をアップルが利用するという仕組みを始めました。

さらにアップルは自社に留《とど》まらず、iPhone（アイフォン）やiPad（アイパッド）の製品の部品を製造する部品メーカーにも再生可能エネルギーの積極的利用を求め始めています。

世界市場での企業による再生可能エネルギーの電力購入量の調査結果

□棒グラフ：年度別購入量（GW）2017年　約5.4GW
□線グラフ：累積購入量（GW）2017年　約18GW

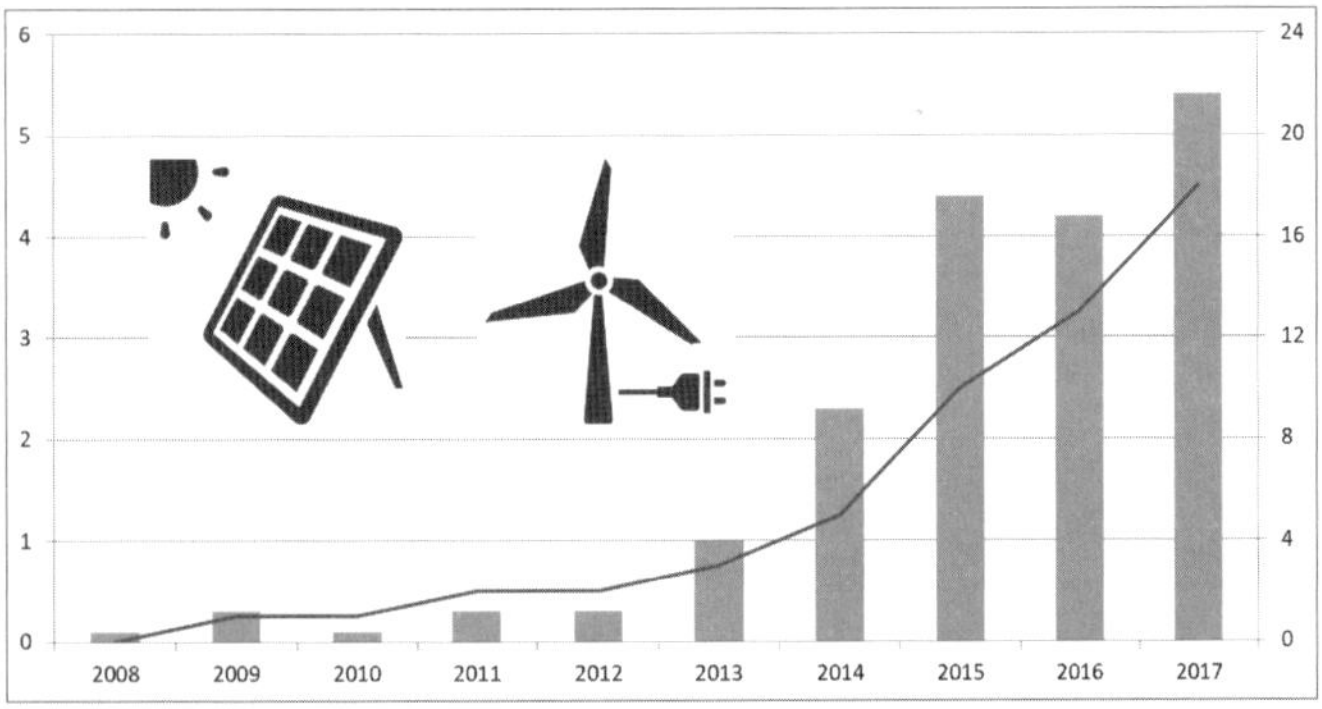


参考：BNEF資料

グーグルは、２０１０年以降、積極的に再生可能エネルギーに投資を行っています。グローバル事業で使用する電力を１００％再生可能エネルギーで賄う方針を２０１６年12月に発表しています。担当者は、雑誌のインタビューで「再生可能エネルギーにより事業価値が高まる。エネルギー転換は、多くの雇用創出を後押し、新たな経済効果をもたらしている。その転換スピードは予想していたよりも速い」と述べています。

ＥＶや蓄電池を製造するテスラは、新たな形でのインフラ構築を目指しています。例えば、米国全土に２０１７年末までに約１万台のＥＶ充電スタンドを設置する計画を明かしています。全土にＥＶ充電スタンドが普及することで、各地域で発電された電気の活用方法が増えます。

また、巨大ハリケーンの被害に遭《あ》ったプエルトリコでも、新たな挑戦をしています。テスラの代表であるイーロン・マスク氏は、災害直後に太陽光パネルや蓄電池を数百台提供すると発表しました。電力網が壊滅し、復旧までには半年かかると見込まれ、既存電力会社が身動きできないなか、テスラは電気が通らなくなったエリアの復旧に自社製品やノウハウを役立てようとしています。

アップル、グーグル、テスラ――世界規模でビジネスをする企業が着々とエネルギービジネスにも参入してきています。

## エネルギー市場で存在感を増す、中国・インド

世界で再生可能エネルギーに最も積極投資を行っている国はどこでしょうか？　ドイツでしょうか？　米国でしょうか？　実は中国です。

中国政府は、２０５０年までに80％を再生可能エネルギーに転換する目標を掲げました。これまでの主力であった石炭火力発電から再生可能エネルギー発電への転換です。この方

中国の太陽光投資シェア（世界全体に対する割合）

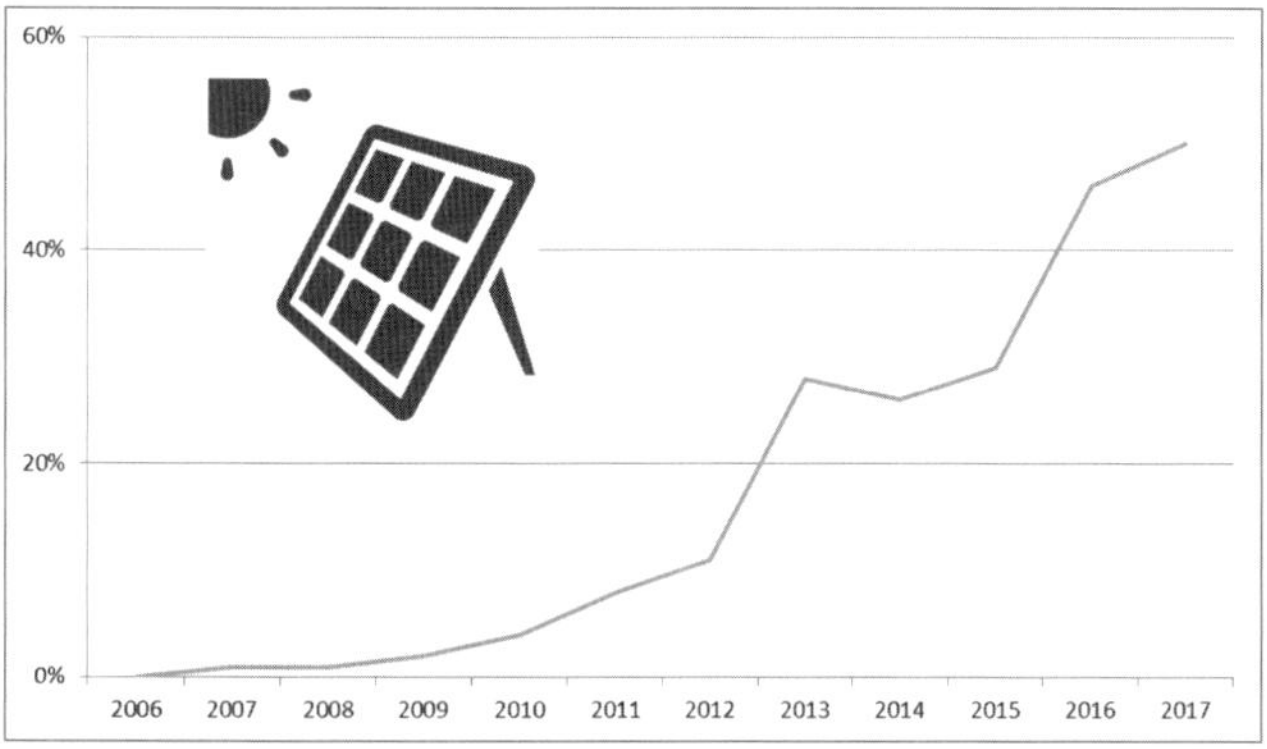


中国の世界における太陽光投資シェアは上昇し続けている

参考：IEA Renewables 2017

針転換は、深刻化する大気汚染や健康問題の解消、地球温暖化対策につながります。

この動きに連動するように、中国企業は積極的に投資を行っています。ＩＥＡ（国際エネルギー機関）が発表した調査レポート「Renewables 2017」によると、過去1年間で全世界における太陽光発電の生産能力は50％増加しましたが、増加量の半分は中国が占めています。太陽光発電だけではありません。中国にある風力発電の能力は、世界全体の3分の1を占めます。ＩＥＡは、向こう5年間、中国は、壮大な国土を武器に再生可能エネルギー市場の牽引《けんいん》役となるのは確実だと主張しています。

さらに中国はＥＶでも市場をリードしようとしています。こうした積極投資で技術力やノウハウを蓄積し、コスト競争力のあるビジネスモデルの輸出を狙っています。

経済成長で電力不足が課題になっているインドも、現在主力である石炭火力発電から太陽光発電や風力発電を中心とした再生可能エネルギーへの大胆なシフトを発表しています。

## アジア・アフリカの未来は？

ロウソクの炎と夜空の星だけの空間は、日本に暮らす私たちにとってはとても贅沢《ぜいたく》な非日常といえるでしょう。しかし、それは先進国の限られた人に与えられた特権です。世界規模で考えると、７人に１人が電気のない中で暮らしています。電気のない暮らし、明かりを石油ランプやロウソクに頼る生活です。その人口は10億人以上。日本の人口のおよそ10倍です。

彼らは、せっかく手に入れたスマートフォンを充電するために充電スタンドまで歩かなくてはいけません。アジアやアフリカには、これから新しい生活インフラを構築していく必要がある未開拓地域が存在しています。しかし、アフリカやアジアの奥地に莫大な投資をして、大規模な発電所を建設し、そこから電線を引いて村や町に電気を送るのは、時間

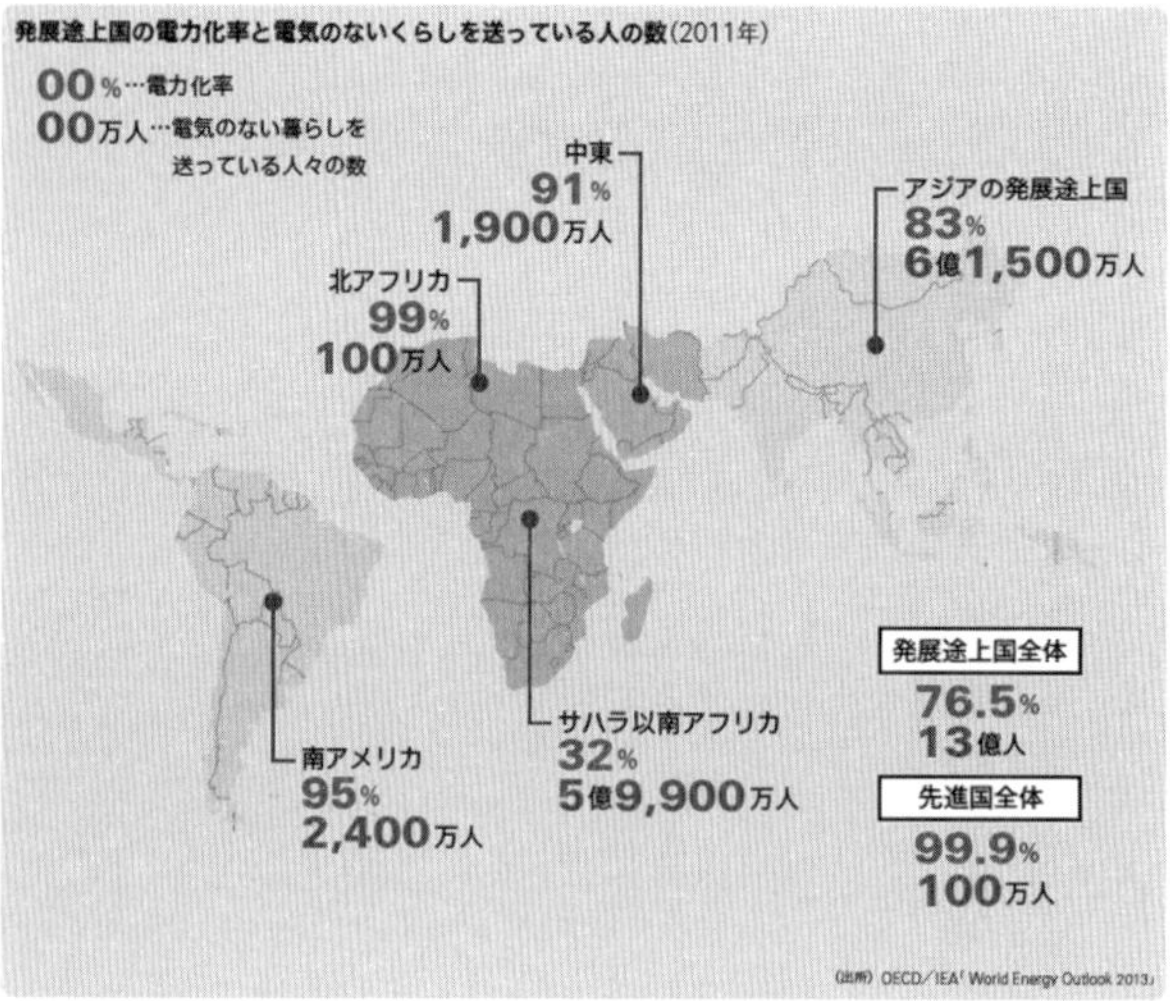


電気のない暮らしをしている人は世界に10億人以上

出典:OECD/IEA

とコストを考えるとあまり現実的ではありません。

豊富に降り注ぐ太陽の恵みを利用し、分散型発電を行う。村や町単位で発電し、家同士が電気を融通し合うエネルギーモデルを構築するほうが現実的です。まさにブロックチェーンを活用できるフィールドがあります。

## 世界のメガトレンド：「脱炭素化」と「デジタル化」

世界全体でのメガトレンドを２つ紹介します。ひとつが「脱炭素化」です。低炭素化ではありません。低炭素化から一歩進み脱炭素化がキーワードになっています。

お金の流れが変わりつつあります。世界の機関投資家や金融機関は、脱炭素化を目指している企業こそが今後も持続的に成長する企業と考え、積極的に投資を始めています。それに対して、石油や石炭などの化石燃料に関連するビジネスを続ける企業を脱炭素化に逆行しているとみなし、投資を引き揚げ始めています。

先ほど紹介したＲＥ１００も脱炭素化を推進するひとつの動きです。それ以外には、パリ協定、脱・石炭火力連盟、各国のガソリン車販売禁止の動きがあります。

もうひとつのメガトレンドは、「デジタル化」です。具体的には、ＩｏＴ（モノのインターネット）、ビッグデータ、ＡＩ、５Ｇ（第5世代通信）、ＲＰＡ（ロボットによる業務の自動化）、ロボット、ドローンなどが挙げられます。ほかにも、特にエネルギー業界に影響があるものとしては、ＥＶや蓄電池、分散型発電を含めたエネルギー・ハーベスティング（環境発電技術）、スマートメーターなどがあります。

| 脱炭素化を目指す動き | |
|---|---|
| パリ協定 | 気温上昇を産業革命前に比べ２℃未満に抑制<br>２１世紀後半に温室効果ガスの排出を実質ゼロ化<br>2015年12月採択、16年11月発効<br>http://www.mofa.go.jp/mofaj/files/000151860.pdf |
| 脱・石炭火力連盟 | 石炭廃絶の実現のために企業などを加えた連合組織を発足<br>イギリス、カナダ主導で2017年11月結成<br>フランス、イタリア、米ワシントン州、カナダ・オンタリオ州など27カ国・地方政府が参加 |
| ガソリン車販売禁止 | イギリス、フランスは2040年までにガソリン車の販売を禁止<br>中国は19年から電気自動車（EV）など新エネルギー車普及策を実施予定 |
| RE100 | 再生可能エネルギ-100％を目指す企業連合<br>アップル、イケア、フェイスブック、リコー、積水ハウス、アスクルなど約120社が参加<br>http://there100.org/ |

急速にデジタル化が進むエネルギー業界

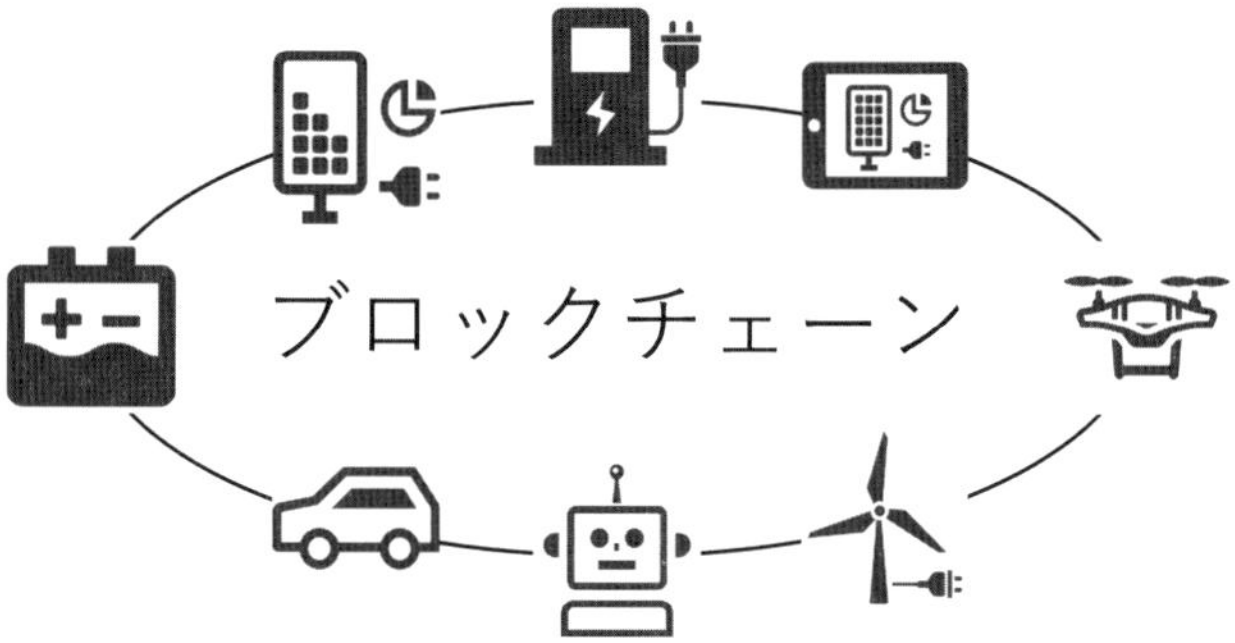


ブロックチェーンがエネルギーの世界をつなぐ役割を担う

デジタル化は、エネルギー産業を含めたすべての産業に大きな影響を与えます。業界内でデジタル化が進めば進むほど、事業の流れが変化します。したがって、企業は、これまでの勝ちパターンからの転換を迫られます。デジタル化の波に呼応し、自社のビジネスモデルを大胆に変革した企業が生き残ります。

ブロックチェーンもデジタル化のひとつであることは、いうまでもありません。デジタル化が進展するとともに、エネルギービジネスが扱う情報量は増加します。結果として現在の数千〜数万倍になります。ブロックチェーンは、デジタル化により増える情報や、今後普及するＩｏＴ家電やＥＶなどの数十万以上の機器を密につなぐ役割を担います。

## 日本初の「社会モデル」の世界展開へ！

ここまで、日本や欧米、成長するアジア・アフリカのエネルギー事情と、世界のメガトレンドについて確認しました。エネルギー事情は、地域によって大きく異なります。日本には日本固有の事情があります。欧米をそのままそっくり模倣すればよいというわけではありません。しかし、共通していえるのは、どの地域でも急激な変化の渦中にあることです。

日本には、世界に誇れる非常に安定したエネルギーシステムがあります。そのおかげで戦後、奇跡的な経済成長を成し遂げました。しかし、21世紀に入り、分散型発電の増加や人口減少などの影響で変化を迫られています。筆者は、こうした変化をむしろチャンスと捉え、「新しい社会」モデルを構築できるのではないかと考えています。

２０３０年までに中国やインド、その他の新興国で25億人を超える人口が地方から都市に移り住むでしょう。彼らは、空調の整ったオフィスや最新式の工場で働き、自宅では冷蔵庫やクーラーを利用します。週末は、自家用車でショッピングモールに買い物に出かけます。都市での快適な生活を新たに始める25億人によって、世界のエネルギー需要は急激に増加します。

世界の電力消費量は、現在約20兆キロワット時ですが、２０３０年代には、30兆キロワット時を超えるでしょう。増加分の10兆キロワット時は、市場規模にして１００兆円を超えます。この１００兆円のビジネス市場の主導権を誰が握れるのか。日本にも大いにチャンスがあります。

日本は、国内の変化に対応することで磨いた「社会モデル」を、成長著しいアジアやアフリカにインフラビジネスとして輸出していくことができるのではないでしょうか。

# 第３章

# ブロックチェーンとエネルギーの可能性、そして越えるべき壁

本章では、エネルギーとブロックチェーンの関係について、一歩踏み込んで考えていきます。

## エネルギー業界とブロックチェーンの親和性《しんわ》

現在、ブロックチェーンの活用を最も進めている業界のひとつは、金融業界です。なぜなら、金融分野での仕事の多くは、お金に関連する情報管理と共有だからです。実際に銀行員や証券マンは、家を設計したり、ポスターをデザインしたり、野菜を育てたり、工場で商品を製造したりしません。

銀行や証券会社の競争力はなんでしょうか？　それは、お金の数値情報をいかに効率的に管理して共有できるかです。加えて、金融業界は、規制が多く参入障壁が高い業界です。したがって、業務の効率化や新しいサービスの開発などの余地があります。

エネルギー業界は、「情報の共有・管理が競争力」、「規制が多く参入障壁が高い」という2つの面で金融業界と似ています。電力会社は、発電情報や送電情報、利用情報などの情報を数値管理しています。私たちは、毎月届く電気の請求書の数値を確認し、支払いを

金融業界とエネルギー業界の共通点

1　情報の共有・管理が競争力の源泉
→情報を効率的に扱えるブロックチェーンとの親和性が高い

2　規制が多く参入障壁が高い産業
→コスト削減、スピードアップなど業務改善余地が多い
→新しいビジネスモデルを開発できる可能性が高い

します。もし、自宅に太陽光発電や蓄電池がある場合は、発電量や蓄電量を数値で管理しています。

電気は、目で見たり、触ったりできる商品ではなく、数値情報をやり取りするサービスです。そのため、エネルギー業界も金融業界と同様に、情報の効率化を図れるブロックチェーンとの親和性が高いと考えられます。しかも、ここ20年で自由化は徐々に進んでいるとはいえ、他業界に比べると規制が多く、外部からの参入が少なかった業界です。ブロックチェーンを活用してのコスト削減の余地や新しいサービスの開発が可能です。

## エネルギービジネスとブロックチェーンの可能性

第1章でのブロックチェーンの特徴をおさらいしながら、エネルギービジネスでの活用の可能性を考えます。ブロックチェーンの仕組みのおかげで、改ざん困難な情報を作成できます。改ざんできないので、記載されている情報は誰かが途中で書き換えなどを行っていないと、誰もが信用することができます。私たちが1万円札を見て、「これは紙じゃなくて1万円札だ」と確信できるのと同じ感覚です。

したがって、

①離れた場所にいる個人同士の直接取引。

②契約提携の効率化や契約に基づく業務の自動化（スマートコントラクト）。

③自分たちで証明書や権利書が作成（新たな価値を生み出す）。

が可能になります。

この特徴をエネルギー分野でどう活かすことができるかを考えてみましょう。

①では、個人間での電気の売買や外出先で電気を購入することが実現するでしょう。なぜなら、販売者も購入者も、どれだけ電気の売買が行われたかをブロックチェーンを使った仕組みで正確に確認できるからです。将来的には、街中を走るEV同士で電気の融通をすることも可能になります。また、太陽光発電で電気が余った家庭と、電気を購入したい家庭とが電気を売買し合うことが可能になります。

②では、多くの情報を扱う電力会社の業務が効率化します。例えば、家庭や企業が電気

エネルギービジネスでの可能性

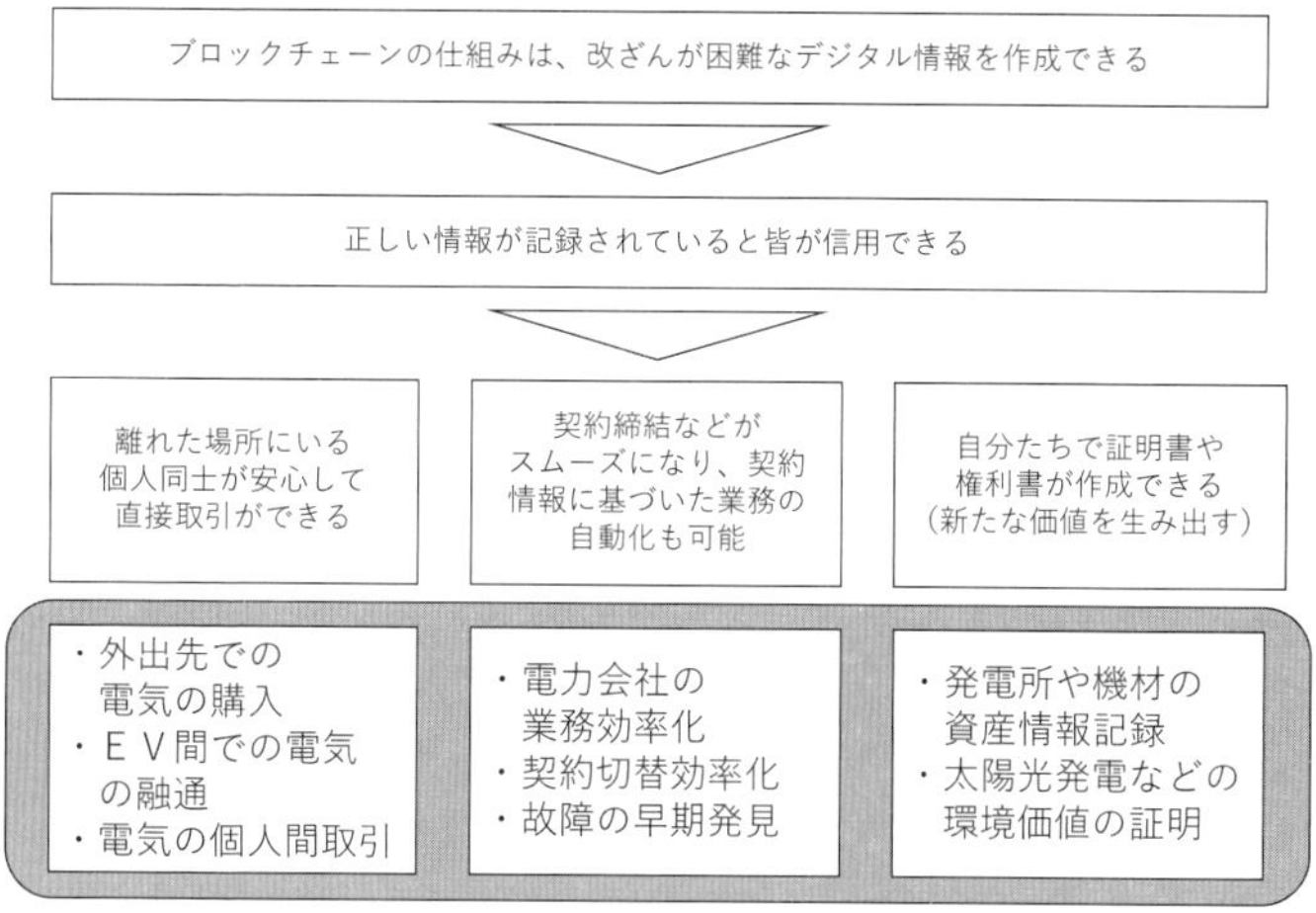
ブロックチェーンの仕組みは、改ざんが困難なデジタル情報を作成できる
正しい情報が記録されていると皆が信用できる
離れた場所にいる個人同士が安心して直接取引ができる
契約締結などがスムーズになり、契約情報に基づいた業務の自動化も可能
自分たちで証明書や権利書が作成できる（新たな価値を生み出す）
・外出先での電気の購入
・ＥＶ間での電気の融通
・電気の個人間取引
・電力会社の業務効率化
・契約切替効率化
・故障の早期発見
・発電所や機材の資産情報記録
・太陽光発電などの環境価値の証明

の契約を切り替える場合、現在は多くの紙の書類に記入する必要がありますが、スマートフォンからワンクリックで契約の切り替えが可能になります。

業務を自動化してくれるスマートコントラクトは、電線や電気を計測するスマートメーターの故障発見にも役立ちます。故障の発生と同時に情報が関係者にタイムリーに自動通知されます。業務が効率化することで、コストを大幅に削減できます。結果として、私たちの電気代が下がることにつながります。

③では、発電所や機材の資産情報の記録に役立ちます。ここ数年、太陽光や風力の発電所の売買が盛んになりつつあります。太陽光発電や風力発電所を買収す

る際、買収価格を決定するために、これまでの発電実績や故障実績の確認が必要です。売り手が提出する発電実績や修理の情報だけでは不充分なため、中立的な立場にある第三者に依頼して、再度調査をしてもらうのが一般的です。もし、過去の発電や故障実績がブロックチェーンの仕組みで記録されていれば、その情報を両社が信じられるので、これまでよりも速やかに買収交渉を進められます。

別の例として、太陽光発電施設の発電量の記録にも役立ちます。記録された発電量から太陽光や風力で発電されたという「環境価値」を計測し、証明書を発行します。環境価値は、これまでは正確な計測と証明に手間がかかる理由から、取引があまり活発化しませんでした。しかし、ブロックチェーンを活用することで、環境価値の取引市場の拡大が見込まれます。太陽光発電施設にとっては、新たな収益源になります。

## ブロックチェーンのウィークポイント

ブロックチェーンは、完成されたものではなく、日々進化しています。インターネット以来の大変革と期待されるなか、ビジネス領域で積極的に活用が進む過程で、さまざまな

世界の主要なブロックチェーン開発プロジェクト

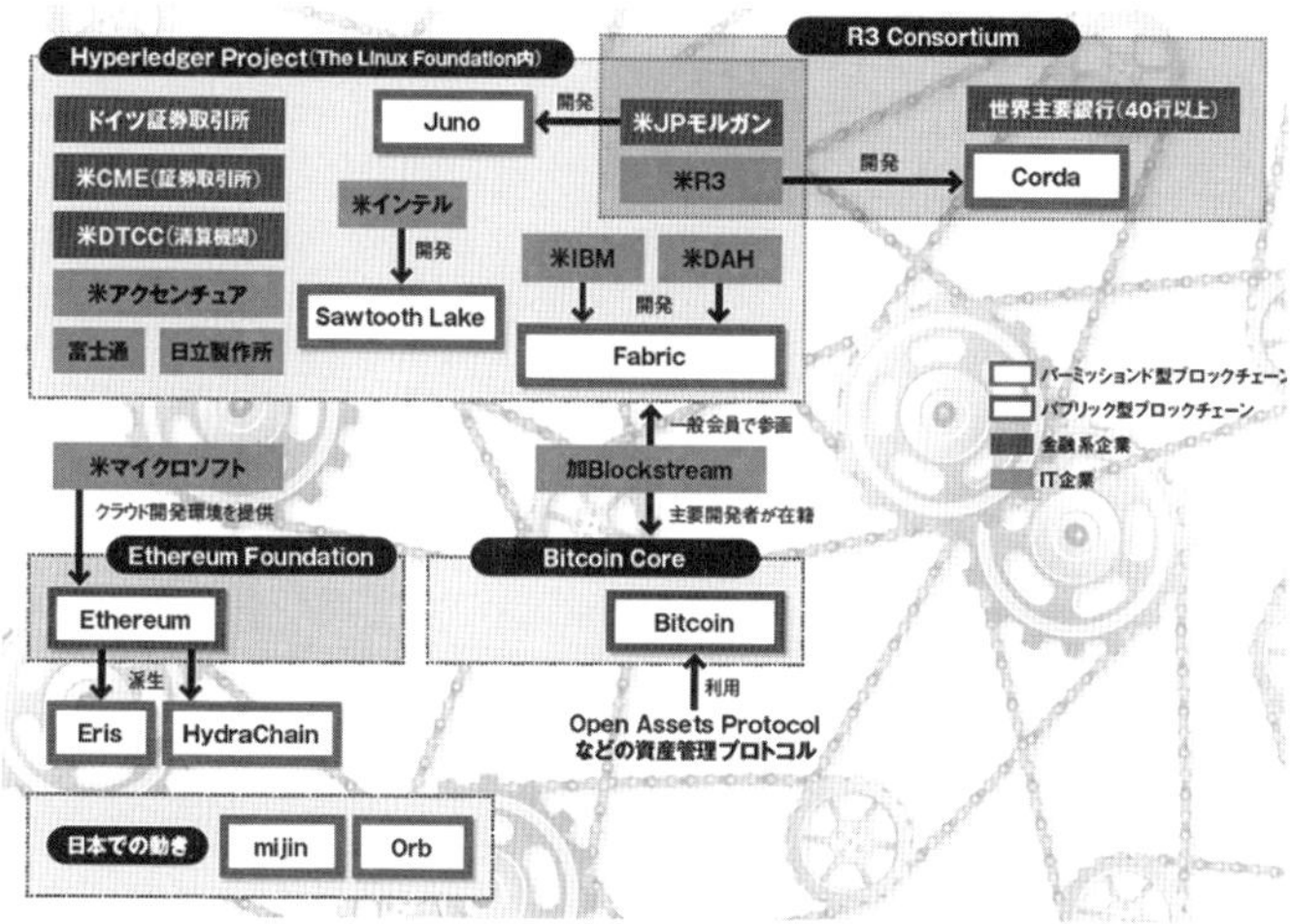


出典：日経BP社「日経 xTECH Active」

課題が浮かび上がってきています。

例えば、システムの柔軟な拡張性の担保、データプライバシーの強化、インターネット依存性の解消などです。これらの課題は、そもそものブロックチェーンのウィークポイントであり、エネルギー業界に限ったことではありません。

非常にテクニカルな話題ですので、詳細について本書では触れませんが、これらの課題を解決するために政府や金融機関、世界の有数のＩＴ（情報技術）企業が集まり、日々研究を進めています。

具体的には、ブロックチェーンをより広範囲なビジネスで活用できるように世界規模での研究団体が設立され、数千億円規模での巨額の資金が課題の解決のために注がれています。楽観的すぎると思われるかもしれませんが、２０３０年ごろには、現在指摘されている課題の多くは解決していると考えています。

なぜなら、インターネットも１９７２年に通信プロトコルのＴＣＰ／ＩＰが誕生してから、たった45年で信じられないほどの進化を遂げたからです。当時は、この新しい通信手段で世界中の人々がつながるとは誰も思っていなかったでしょう。

しかし、１９９０年代に誰でも簡単に利用できるメールソフトやインターネットブラウザが誕生し、２０００年代には、世界レベルでの光ファイバー網が普及しました。今では、外出中にスマートフォンで動画がタダ同然で見られるまでに発展しています。

同じくブロックチェーンのウィークポイントも、世界規模での巨額の投資と研究者の努力により日進月歩で解消されていくでしょう。

## 立ちはだかる3つの壁

ブロックチェーン固有のウィークポイントとは別に、エネルギー業界特有の壁があります。こちらについても越えていかなくては、エネルギービジネスでのブロックチェーンの活用は拡大しません。ここでは、大きな３つの壁を紹介します。

１つ目は、規制・ルールの壁です。先ほども触れましたが、エネルギー産業は、読者の皆さんもご承知のとおり、非常に重要な社会インフラであるため、多くの細かな規制やルールが存在します。

例えば、電気を販売するには、国に申請を行い、小売り電気事業者の免許を取得する必要があります。加えて、現在の日本では、個人間での電気の売買は認められていません。つまり、ブロックチェーンを活用するかどうか以前に、電気の個人間売買を実現するには、法律やルールを変更する必要があります。

また、ある地域で電気をシェアし合う計画ができた場合、「誰が責任をもって管理するのか」、「どのようなルールで管理するのか」を個々に決めていく必要があります。テストモデルとして選ばれた数十世帯に限定した取り組みであれば、互いに話し合うことでルールを決めることは可能でしょう。しかし、将来的に顔も名前も知らない１０００や５０００もの家庭同士での電気の売買やシェアリングを想定すると、不公平感の少ないルールをつくるのは一筋縄ではいかないでしょう。それに加えて、電力会社との調整も必要です。個人間での電気の取引に伴い、電力網の使い方も変化しますので、送電設備を持つ

何千台ものコンピューターが並ぶマイニング工場

ブロックチェーンの「マイニング」には大量の電気が必要

出典：http://importbusiness.tokyo/bitcoin-versus-bitcoin-cash

電力会社の協力は必要不可欠だからです。

規制や市場構造の改革は、大きな影響を与えます。法律や規制・ルールを改変していくためには、実証実験を通して、「こうすればうまくいく」、「今のルールをこういうふうに変えていこう」という試行錯誤のプロセスが大切です。新しい社会モデルによって提供されるサービスや価値を、誰が、どのように評価し、報酬を支払うのかを明確にしていく必要があります。不公平感の少ない、多くの人が賛同するルールや制度が整うまでの地道なプロセスは、5年、10年、20年と続いていくでしょう。

新しいルールづくりは、国や地方自治体の積極的な参加も欠かせません。先に海外でさまざまな規制・ルールの標準が決まり、革新的な社会モデルが生まれてしまうと、日本は遅れをとってしま

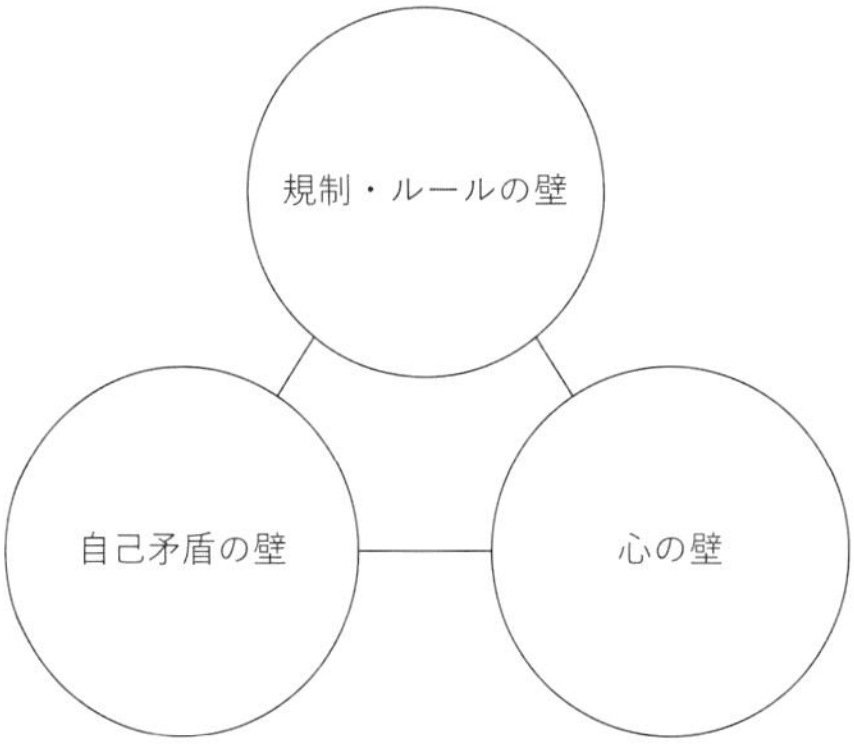


ブロックチェーンがエネルギービジネスで浸透していくためには、
３つの壁を乗り越えていく必要がある

います。政府を含めた積極的かつ柔軟な取り組みが必要です。

２つ目の壁は、自己矛盾の壁です。実は、ブロックチェーンという仕組みを維持していくには非常に大量の電力を必要とします。最も電力を使うのは、「マイニング」という業務です。マイニングは、ブロックチェーンを支える根幹的な作業です。ブロックチェーンで行われた取引内容をコンピューターで確認する作業です。マイニングを行う企業や個人には、一定のルールに従って報酬が支払われます。

報酬を得るために世界中で個人や企業がマイニングに参加しています。マイニングには、すでに世界中で数十万台以上のコンピューターが使われているため、多くの電力を消費します。ブロックチェーンを推進するということは、より多くのエネルギーを使うこととイコールになってしまう、という矛盾が生まれます。

最近の調査では、全世界でマイニングを行うコンピューターが使用した電力は、159カ国が1年間に使用する電力量を上回ったとの報告があります。さらに数年後には、マイニングで消費される電力量が英国の電力消費量を超えるとの予想もあります。エネルギーの最適化のためにブロックチェーンを活用することは、矛盾しているのではないかとの指摘もあります。

3つ目は、私たちの心の壁です。ある調査によると、人々が電気について考える時間は請求書を見るときだけで、1カ月に1分程度といいます。1年間で約12分です。この12分という時間を多いとするか、少ないとするかはさておき、調査データから推察すると、ブロックチェーンをエネルギーに使ってみたいと考えるのは、テクノロジーやエネルギーの未来に強い関心がある人だけかもしれません。ブロックチェーンを活用しても生活があまり変わらないのであれば、電気のことを1年で10分も考えていなかった人からすると、あまり重要な話ではないでしょう。

わざわざ新しいことを受け入れて、新しい社会モデルに転換するには、それ相応のニーズが必要です。電気が「いつでも、どこでも、好きなだけ」利用できるようになる、今まできなかったことが実現する、自分の生活が便利になり豊かになるという将来をしっかりと伝えることで、心の壁を越えていく必要があります。

## ブロックチェーンは、どのように浸透するのか？

ブロックチェーンはエネルギー領域に、どのように浸透・発展していくのでしょうか。その過程は、１９９５年ごろからインターネットがビジネス世界に浸透していったプロセスと似るのではないかと考えています。

１９９５年ごろからビジネスマンの間で「インターネット」という言葉を聞く機会が増えました。この年のWindows（ウィンドウズ）95の発売を契機に、企業でのインターネット環境が整い始めたからです。インターネットは、社内での情報共有に活用され、業務の効率化やスピードアップ、重複業務がなくなることでのコスト削減を目的に活用範囲を拡大していきました。加えて、１９９０年代後半から自社を紹介するパンフレット代わりに、企業のホームページが開設され始めます（１９９５年ごろは、大企業がホームページを開設したことが新聞記事になるほど珍しい時代でした）。この時期に企業は、インター

インターネットのビジネスへの浸透のステップ

ファーストステップ
1995〜2000年
・社員同士の情報共有（イントラネット）
・企業自身のホームページ開設
Microsoft Windows95
セカンドステップ
2000〜2010年
・企業と顧客との取引
ネットショップ、ネットバンキング
・企業間での取引
BtoBマーケットプレイス
amazon
ジャパンネット銀行
サードステップ
2010年〜
・全く新しいビジネスモデル
ソーシャルネットワークサービス
動画配信サービス
Twitter
Facebook

ネットがビジネスに影響があることや、どう役立てていくべきかを検討し始めたのです。

次に、２０００年ごろから顧客や取引先である社外とのやり取りにインターネットを活用する動きが生まれます。例えば、ネットショップやネットバンキング、口コミサイト、取引先との情報連携、マーケットプレイスです。インターネットインフラが社会に幅広く受け入れられ、顧客や取引先との双方向の情報のやり取りを通して、ビジネスでの効用が広く理解されるようになったのは、この時期です。

２０１０年前後からは、インターネット環境が整っていることを前提としたビジネスが成長します。例えば、ＳＮＳや動画配信サービスです。代表的なFacebookやYoutube（ユーチューブ）は、世界中にインターネットでつながる多くの人がいることを前提に、ビジネスを運営しています。インターネット上の世界、いわゆる仮想世界で人と人のつながりが新しいビジネス領域を生み出し、日々発展しています。

このように、インターネットは、時間の経過とともに社内での活用↓社外との連携↓新しいビジネスモデル誕生という流れで拡大していきました。

ブロックチェーンも同様のステップを踏みながら浸透していくと考えています。筆者は、ファーストステップは２０２０〜２０２５年、セカンドステップは２０２５〜２０３０年、サードステップは２０３０年以降と想定しています。

現在から２０２０年までは浸透までの準備段階、いわば黎明期《れいめいき》といえるでしょう。個人や企業がブロックチェーン自体の理解を深めていく段階です。例えば、インターネットでは、ホームページやメールという言葉が少しずつ理解され始めた時期に当たります。

次章より、世界の事例をステップごとに紹介します。ここでは、各ステップでの事例の特徴を簡単に紹介します。

## ファーストステップ（2020〜2025年）

ファーストステップでは、次のような取り組みがあります。

①ビットコインなど仮想通貨の活用。

②スマートメーターなどの機器の効率化。

③ブロックチェーンの活用に関する基礎研究。

ファーストステップは、1つの会社で提供できるサービスやブロックチェーンに関しての基礎研究が挙げられます。

①は、ビットコインを活用して、電気の支払いをするなどの取り組みです。お客さんは、ビットコインで電気の支払いが当たり前のようにできたり、ビットコインを使ってエネルギーが不足している途上国の支援ができたりするサービスです。

②は、業務の効率やスピードアップを目的とした試みです。例えば、エネルギーの使用量の計測にブロックチェーンが活用されます。

電気利用状況はスマートメーターで計測されますが、計測情報は中央のシステムに集められます。それに対して、ブロックチェーンベースで構築することで、より簡便に電気の利用情報を蓄積できます。これにより、電力会社の契約切り替えを効率化できます。現在は、切り替え期間として大体１カ月ぐらいかかります。しかし、ブロックチェーンで情報を管理・共有することで、切り替え作業がスピードアップします。

同じくスマートメーターの情報を常に計測・監視することで、電線の故障などに早く気がつくことができます。将来的には、ブロックチェーンに記録される膨大な利用情報をＡＩで解析することによって、送電線の故障を予見することもできるでしょう。

③は、電力会社やガス会社が集まり、ブロックチェーンをどのように活用していくことができるかを広く議論する活動になります。

## セカンドステップ（2025～2030年）

セカンドステップでは、次のような取り組みがあります。

①ＥＶとの連携。
②蓄電池・家電製品などＩｏＴ機器との連携。
③エネルギー企業同士での直接取引。

セカンドステップでは、ブロックチェーンを活用し始めたエネルギー企業同士、エネルギー企業と他業界企業、エネルギー企業と個人がつながり始めます。ファーストステップでは、自社完結でのブロックチェーンの活用がメインでしたが、セカンドステップでは、関係のある企業同士が、さらなる効率化やスピードアップを実現します。そのなかで、新しいビジネスモデルも生まれます。紹介する事例では、電力会社とブロックチェーンのシステムを開発する会社や自動車メーカーなど、複数社が連携しているケースも多く見られます。

①は、今後急速に普及するＥＶとエネルギービジネスが融合します。ＥＶの充電状況がモニタリングされ、ＥＶを駐車すると電気が足りないときは自動的に充電・記録・課金されるサービスも生まれるでしょう。街中には多くの充電スタンドが設置され、そこでの充電情報は、ブロックチェーンで管理されます。

②は、蓄電池や家電製品などがインターネットとブロックチェーンによってつながり、家庭やオフィスでのより効率的なエネルギー消費が実現します。

③は、エネルギー企業同士の取引に仲介業者が介在することなく、直接取引が増えます。直接取引によりコスト削減が実現した分、電気代が安くなるという顧客メリットが生まれます。

## サードステップ（2030年以降）

サードステップでは、次のような取り組みがあります。

①再生可能エネルギー普及に向けた取り組み（新しい環境価値の創出）。
②電力のPeer to Peer（P2P、ピアツーピア：個人間）取引
③消費者とエネルギー市場の直接取引

サードステップでは、今まで存在しなかったもの、無理だと考えられていたものがブロックチェーンを活用することで新しいビジネスとして花開きます。なかなかイメージしづらいですが、これまで不可能だったことや概念的に飛躍し過ぎに思えることが、どんどん実現する時代ともいえます。

エネルギー業界でいうと、①は「再生可能エネルギー普及に向けた取り組み（新しい環境価値の創出）」、②は「電力の個人間取引」、③は「消費者のエネルギー市場への直接取引」です。

サードステップが実現するころには、私たちはブロックチェーンでできること、できないことを理解しているでしょう。加えて、ＩｏＴ・ＥＶ・無線充電も一般に普及していま

### ブロックチェーン浸透のステップ

**ファーストステップ　2020～2025年**

1　ビットコインなど仮想通貨の活用
2　スマートメーターなどの機器の効率化
3　ブロックチェーンの活用に関する基礎研究

**セカンドステップ　2025～2030年**

1　ＥＶとの連携
2　蓄電池・家電製品などＩｏＴ機器との連携
3　エネルギー企業同士での直接取引

**サードステップ　2030年～**

1　再生可能エネルギー普及に向けた取り組み
2　電力の個人間（ピアツーピア）取引
3　消費者とエネルギー市場の直接取引

す。現在とはまったく違うビジネスモデルから収益を上げるエネルギー企業が生まれます。新しいビジネスを推進していくために、今までとは異なった資金調達手段であるＩＣＯ（アイシーオー）も活用されています。

事例として紹介する企業は、非常に先進的な取り組みをしています。彼らは、とても強烈なビジョンを持ち、遠い将来を見据えながら事業を進めています。まさに「いつでも、どこでも、好きなだけ」の実現につながるビジョンです。

もちろん、長い道のりの途中で、資金がなくなるなどの理由から、撤退を余儀なくされる企業もあると思います。しかし、その中でも、いくつかの企業は２０３０年代以降も生き残っていくでしょう。

# 第４章

# ファーストステップ：コスト削減、スピードアップ、そしてビットコイン

ファーストステップ

ファーストステップ
2020～2025年

1　ビットコインなど仮想通貨の活用
2　スマートメーターなどの機器の効率化
3　ブロックチェーンの活用に関する基礎研究

１つの会社で提供できるサービスやブロックチェーンに関しての基礎研究

本章から6章にかけて、ブロックチェーンをエネルギービジネスで活用している事例を紹介します。紹介する海外事例数は51社です。ファーストステップの事例17社、セカンドステップの事例15社、サードステップの事例19社です。

紹介する事例は欧米が中心ですが、中国や豪州、ロシア、南アフリカ共和国など世界各国です。２０１８年時点での事例としては、ある程度、網羅されていると思います。

事例の規模は大小さまざまです。将来を見据えたアイデアレベルのものから企業や消費者を巻き込み、すでにサービスが開始されているものまであります。残念ながら、今後の過程で思ったような成果が生まれずに淘汰され、終了してしまう事例も多くあるでしょう。

それでも、そうした淘汰の時期を生き長らえて、時代を変えるビジネスへと発展する数社があるはずと期待しています。

まずはファーストステップの17社を紹介していきましょう。ファーストステップは、1つの会社で提供できるサービスや、複数のエネルギー会社が集まりブロックチェーンに関しての基礎研究を行っている事例です。

## エネルギーデジタル化の鍵　スマートメーター

ファーストステップの事例に多く出てくる「スマートメーター」について補足します。スマートメーターは、各家庭やビルなどの電気の使用量を計測する新しい計測器です。あまり気にされたことはないかもしれませんが、これまで数十年の間、電気の使用量はアナログメーターによって計測されてきました。アナログメーターは、1カ月に一度の検針日に電力会社から担当者（検針員）が家やビルを訪問して、メーターの数値を目視でチェックし、電気の使用量を計算していました。それに対して、スマートメーターは、30分ごとの利用データを電力会社に自動送信します。使用量が自動で電力会社に送信されるだ

欧米各国のスマートメーター導入率

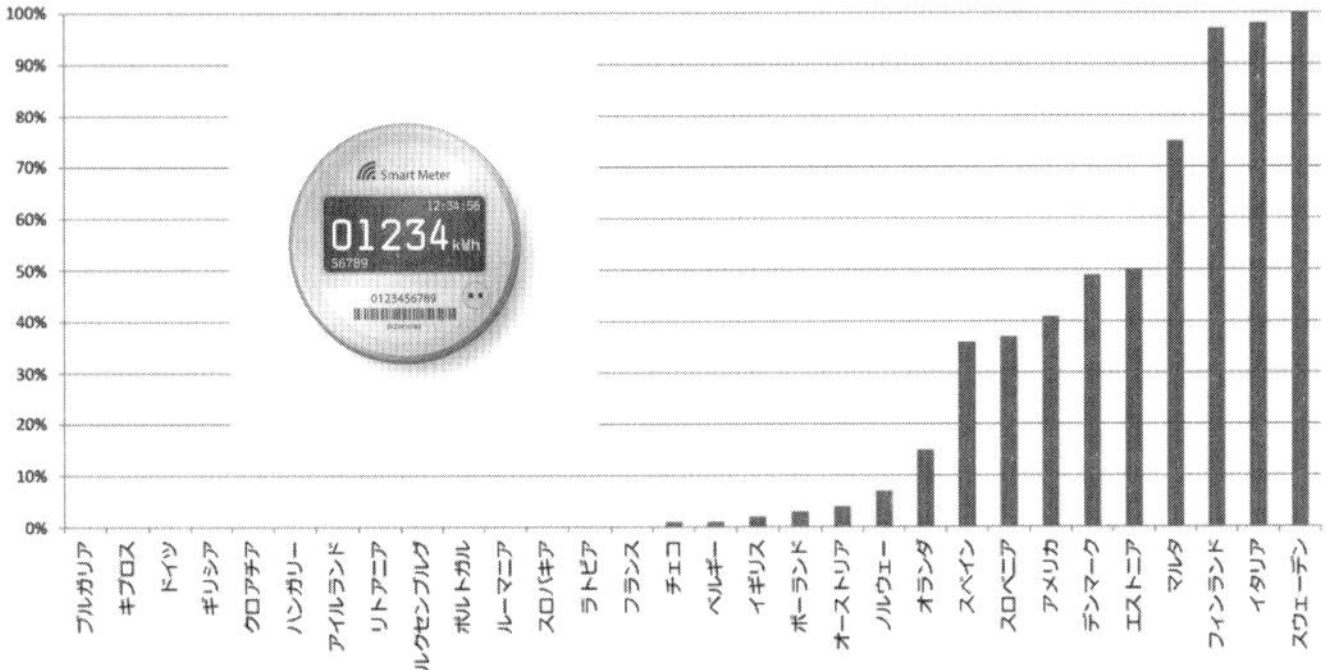


出典：電力・ガス取引監視等委員会
※アメリカは2016年、その他は2014年

けでも大変便利ですが、注目するべきは、各家庭から取得されるデータが、これまでに比べて格段に細かくなることです。

これまで月に1回だけ検針員が確認していた電力利用データが、30分に1回の自動送信に変わります。1日だけで、この計測は48回（1時間に2回×24時間）、1カ月分でのデータ送信回数は約1500回（1日：48回×31日）。つまり、アナログメーターがスマートメーターに代わることより、1カ月で比べると、1500倍の細かさの電力利用データが取得され、蓄積されます。

日本は、2014年ごろよりスマートメーターの設置を進めています。2024年までには、ほぼすべての家庭やビルへの設置が完了予定です。スマートメーターの設置は、日本以外の国でも進んでいます。

スウェーデンやイタリア、フィンランドなどは２０１４年時点で90％を超えています。欧州の主要国でも２０２５年ごろまでの普及を目指しています。

## 電力会社は、販売単価競争からトータルコスト削減競争へ

ファーストステップの２０２０年代前半には、電力会社間での顧客獲得競争方法が変わります。現在は、販売単価競争が主流です。１キロワット時○○円という販売単価を他社よりも1円でも安くすることが競争力になっています。しかし、スマートメーターが普及することによって、「電力会社の利益を確保し、なおかつ顧客のトータルコストを削減する提案ができるかの競争」に変わります。なぜなら、顧客の30分ごとの詳細な電力利用データを収集・分析することで、電力会社の利益を増やしながら、顧客の電気代を減らし、顧客の満足度が向上する理想的な料金プランをつくることができるからです。

例えば、A電力会社の一般家庭への販売単価が一律25円だとします。一方で、A電力会社が卸売市場から仕入れる電気の価格は、毎日、時間帯によって大きく異なります。特に夏や冬は、電気の仕入単価が25円を超えることがあります。顧客との契約上、仕入れ値が

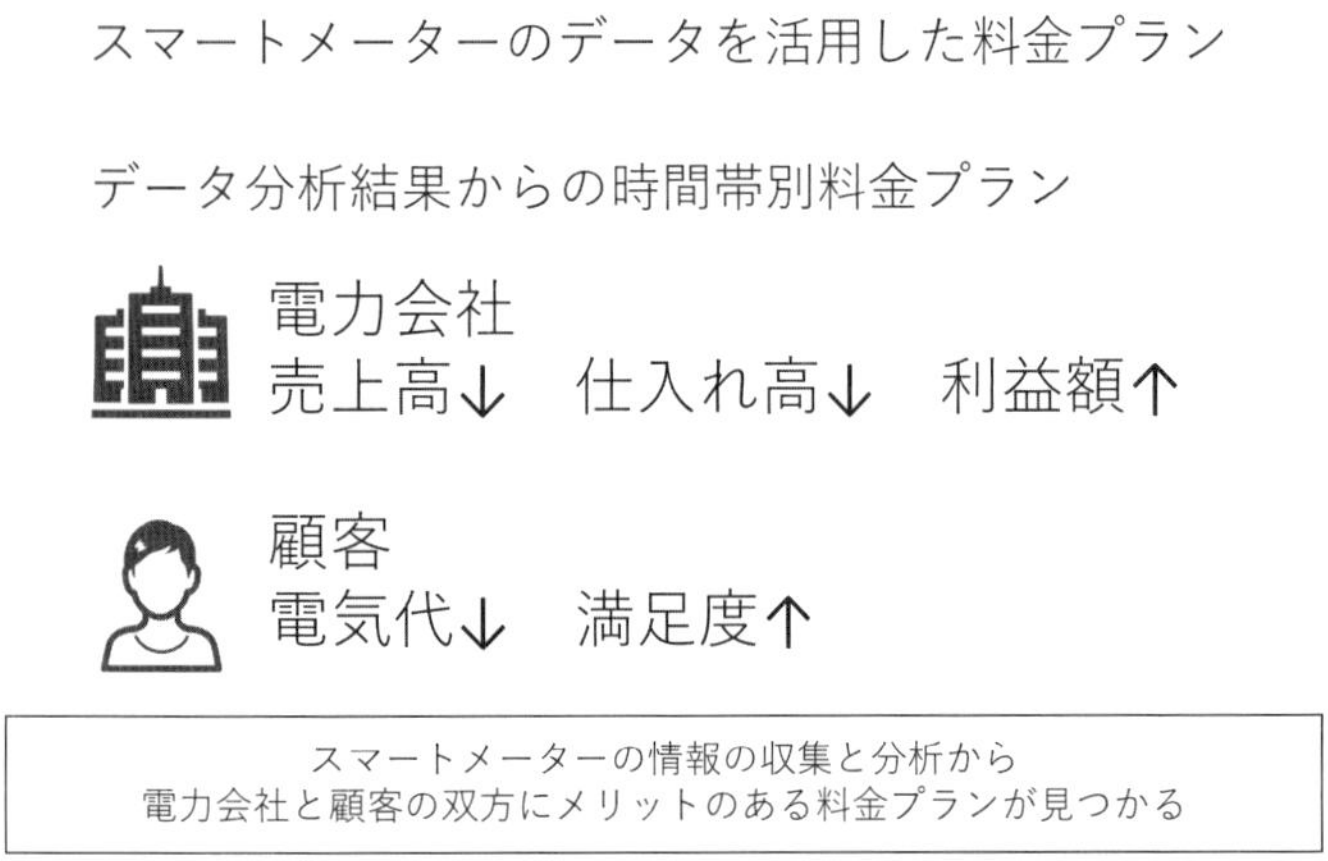
スマートメーターのデータを活用した料金プラン
データ分析結果からの時間帯別料金プラン
電力会社
売上高↓　仕入れ高↓　利益額↑
顧客
電気代↓　満足度↑
スマートメーターの情報の収集と分析から
電力会社と顧客の双方にメリットのある料金プランが見つかる

高くなったからといって、販売単価に転嫁することはできません。したがって、時間帯によっては、赤字での販売を避けられません。いわゆる逆ザヤです。

そこで、契約しているすべての顧客のスマートメーターのデータを収集し、ＡＩなどを活用して分析します。膨大なデータを分析した結果、最適な料金プラン（例：顧客への販売単価を仕入れ価格が高い時間帯は、単価30円とする一方で、他の時間は販売単価20円にする時間帯別料金プラン）が見つかります。新プランでは、顧客は単価が高い時間帯の電気利用を減らし、単価が安い時間に洗濯機や乾燥機を使うでしょう。電力会社は、仕入れ単価が高い時間帯に以前よりも電気を仕入れなくて済みます。したがって、赤字での仕入が減少し、これまでよりも利益が生まれます。

Ａ電力会社の売上高はダウンしますが、仕入高もそれ以上にダウンし、結果として利益額はアップします。しかも顧客の電気代もダウンすることで、顧客の満足度はアップするという互いにメリットのある形が成立します。

電力会社は、大量の電力利用データをブロックチェーンの仕組みで効率的に収集し、ＡＩで分析すれば、顧客と電力会社両方にとって理想的な料金プランを見つけられます。

データ活用は、それ以外にも可能性があります。30分ごとの電気利用データをより詳細に分析すると、テレビや洗濯機、クーラーなどの家電製品を「いつ、どれだけ」利用したかもわかります。先週や先月のデータとの比較することで、家電製品の故障の前兆や効率の悪い電気の利用方法などを発見し、顧客に改善方法をアドバイスできます。したがって、顧客のトータルコストの削減とともに快適で豊かに暮らせる環境づくりをサポートする電力会社が選ばれていきます。

## ビットコインなどの仮想通貨を活用した取り組み：7社

### ① Sun Exchange（サン・エクスチェンジ）、南アフリカ共和国

ブロックチェーンを活用した、太陽光発電の出資者と発電した電気の利用者をつなぐマーケットプレイスを南アフリカ共和国などで展開しています。

2015年、クラウドファンディング「INDIEGOGO」のプロジェクトとして開始され、集めた資金で2016年にプロトタイプを開発しました。シリコンバレーのベンチャーキャピタル BoostVC も支援しています。参加出資者は、太陽光パネル1枚単位で出資し、太陽光パネルの所有者となれます。太陽光パネルで発電される電気の利用者は、設置に必要な初期投資を自身で負担することなく、電気を使用することができます。電気の利用者である南アフリカ共和国の地域住民は、電気を安価に安定的に使用することができる一方、太陽光パネルへの出資者は、安定した利用収入を得ることができます。

出資者は、ビットコインでの出資や投資回収が可能です。海外送金にかかるコストを抑えているため、他国にいながらも南アフリカ共和国で太陽光パネルを所有し、収入を得ることができる仕組みにしています。

出典：Sun Exchange（サン・エクスチェンジ）

基本的な流れは次のとおりです。サン・エクスチェンジが各地の太陽光発電事業者と連携し、電力インフラの整っていない地域や学校、病院などで、小規模の太陽光発電システムを導入するプロジェクトを企画します。設備計画に基づき費用が算出され、出資者からの出資受付を開始し、必要な金額が集まったあと、60日以内に太陽光パネルが設置され、運用が開始されます。運用中は、サン・エクスチェンジが電気の使用者から電気代を回収、出資者に対して出資比率に応じた金額を還元します。

現在のプロジェクトは、南アフリカ共和国において展開されているものが中心です。規模は15キロワットから１００キロワット程度が中心となっています。２０１８年１月時点で５件のプロジェクトが実施されています。そのうち４

件についてはは太陽電池セルが完売していて、1件についてはは今後募集が開始される見込みです。5件のプロジェクトには、のべ450人程度の出資者が参加しています。

### ②Invirotel（インヴィロテル）、南アフリカ共和国

2011年に創業されたスマートメーター製造会社です。2014年、自社が提供するスマートメーターにビットコインでの支払機能を持たせることで、スマートメーターに電気代をチャージすることを可能にしました。顧客は、自分のビットコインをスマートメーターのウォレットアドレス（URL）に送信するだけで、金額に相当する電力量が供給されます。スマートメーターは、通信機能があり、自動的に最新のビットコイン価格を反映します。

インヴィロテルは、電気やガス、水のソリューションを開発し、正確で詳細なリアルタイム情報を人々が共有できることを目標としています。

### ③M-PAYG（エムペイイジ）、デンマーク

2013年に創業されたベンチャー企業です。モバイル決済による前払制（プリペイド制）の太陽光発電システムを発展途上国向けに提供しています。電線が引かれていない場

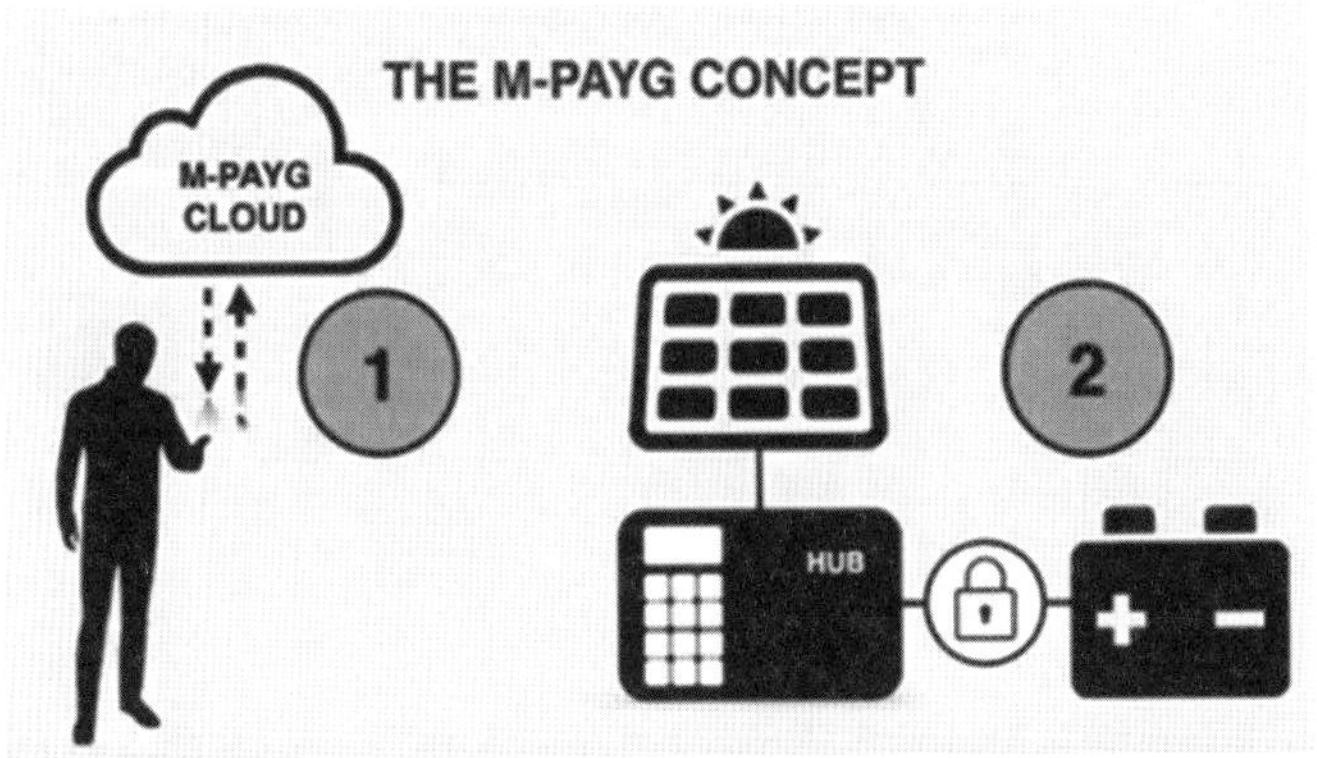


出典：M-PAYG（エム・ペイジ）

所に住む低所得の家庭でも電気が使えるようにするための取り組みです。

エムペイジのブロックチェーンで構築された仕組みは、太陽光パネル、インターネット通信ができる制御装置、そしてバッテリーで構成されています。

利用家庭は、スマートフォンなどから料金（5ドル）を前払いします。支払い後に送信されてくるトークン（パスワード）を太陽光パネルの制御装置に入力することで、1カ月間電気を使用することができます。さらに約50回の支払い後、太陽光パネルのトークンは解除され、太陽光パネルは家庭の所有物となります。

エムペイジは、エネルギー貧困に苦しんでいる人々の数を減らし、被災地に新たな可能性を提供することで、数十億人の人々の生活環境をよりよ

出典：Bankymoon（バンキームーン）

くすることを目標としています。

**④Bankymoon（バンキームーン）、南アフリカ共和国**

２０１４年に創業されたブロックチェーン関連ソリューションを提供するソフトウェア開発企業です。ビットコインなどの暗号通貨を活用したソリューション開発を実施しています。また、スマートメーターとビットコインを使って電気代を前払いするソリューションを提供しています。

具体的には、資金難に悩むアフリカの公立校の電気代や水道代をクラウドファンディングで集める取り組みを展開中です。学校にブロックチェーン対応（ビットコインのアドレスが付与されている）のスマートメーターを設置します。寄付者は、寄付したい学校を選び、ビットコインで直接、該当する学校のスマートメーターのビットコインアドレスに寄付することができます。寄付された金額に応じて自動的に学校に一定量の電気が供給されます。

### ⑤ Enercity（エナーシティ）、ドイツ

ドイツの10大エネルギー会社のひとつです。ドイツのハノーファー市において、電気・ガス・水道・暖房の供給サービスを展開中です。２０１６年、ドイツのベンチャー企業であるＰＥＹと提携し、ビットコインでの公共料金の決済を開始しました。ビットコインでの電気代の支払いを導入した最初の企業のひとつです。電気代の支払いは、エナーシティのホームページと、ハノーファー市の中心部にあるカスタマーセンターに設置された端末で行うことができます。

### ⑥ Elegant（エレガント）、ベルギー

２０１１年に創業されたグリーン電力とガスの供給会社です。10万以上の家庭や事業者に電力と天然ガスを提供しています。BitPayと提携し、２０１５年からビットコインを

使った支払を導入しています。顧客は、ビットコインの支払いを選択すると、毎月の電気・ガスの請求書とともにビットコインの支払いＵＲＬを受信する仕組みです。

### ⑦ BAS Energy（ビーエーエス・エナジー）、ドイツ

省エネや再生可能エネルギーの活用、$CO_2$（二酸化炭素）排出の削減を推進しています。２０１４年、他社に先駆けてビットコインでの電気代の支払を可能にしました。現在、会社自体は経営破綻しています。

## スマートメーターなど機器の効率化：４社

### ① Electron（エレクトロン）、英国

２０１５年に創業されたベンチャー企業です。創業当初は、英国国内の消費者向けに、電力会社やガス会社の乗り換えを簡単にするためのブロックチェーンソリューションを提供していました。その後、自社のプラットフォームを活用し、幅広いエネルギー関連取引や系統調整のためのソリューションの提供に取り組んでいます。

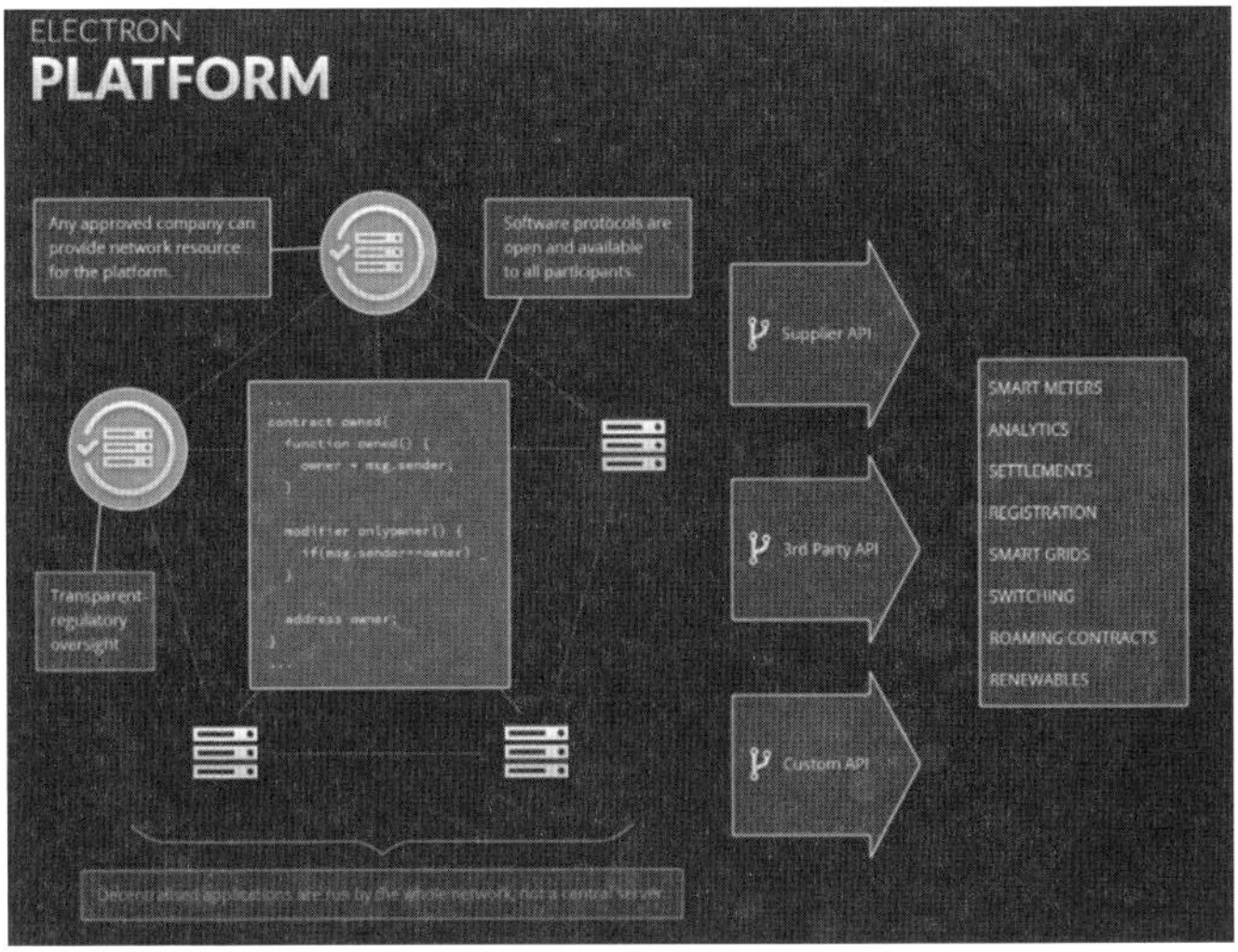


出典：Electron（エレクトロン）

ドイツの多国籍企業シーメンスや英国の送電会社であるナショナルグリッドの協力のもと、自社のプラットフォーム拡大に向けた政府支援の獲得に成功しました。エレクトロンが開発を進めるエネルギー取引のプラットフォームでは、従来21日かかっていた電力やガス会社の乗り換え手続きを、ブロックチェーンを活用することでわずか15秒に短縮できます。

エレクトロンのプラットフォームは、現在使用されている従来のシステムと比較して、エネルギー産業が需給バランス管理と決済を効率化するのに役立つと期待されています。

エネルギー供給者、消費記録および

その他の取引記録情報は、完全に自動化されたプロセスを使用して改ざん不可能なデータとして保管されます。エネルギー業界と政府機関は、市場シェア・消費パターン・最終消費者の公共料金の支払いなどのリアルタイムな情報を確認することができます。

### ② Engie（エンジー）、フランス

フランスの大手電力・ガス会社です。ブロックチェーンを使うことで、電気やガスの使用量管理やメンテナンスを最適化するための仕組みを研究しています。特に注力しているのは、電気やガス、水の流れの履歴の把握に向けた取り組みです。

パリ南部のブルゴーニュ地方では、水道メーターのネットワーク上にブロックチェーンのインフラを構築してメーターのデータを連携させることで、水漏《も》れが発生した際に自動的に修理要請が担当部署に送られるような仕組みを構築しました。それ以外にも、スマートメーターのデータからソーラーパネルの発電量を詳細に把握する仕組みを構築しています。また、「Energy Web Foundation（ＥＷＦ）」にも参加しています。

### ③ Qiwi（キウィ）、ロシア

２００８年に設立された電子決済代行の大手です。ロシアをはじめ、カザフスタン、モ

ルドバ、ルーマニア、ベラルーシ、米国、ブラジル、ヨルダンでサービスを提供しています。

1億7000万以上の契約数と17万台以上のキオスク端末を配備し、月の利用ユーザーは、7000万人以上です。

2015年、独自の仮想通貨「BitRuble」の発行計画と多額の投資が報じられました。しかし、ロシアで仮想通貨サービスを開始する計画は、ロシア銀行と調整する必要があり難航しています。

2016年、アクセンチュアやビンバンク、MDM、オトクルィチエ、ティンコフとともに、ブロックチェーンに関するコンソーシアム（共同事業体）を設立しました。同年、ブロックチェーンを活用し、エネルギー取引情報の記録するための実証実験に向け、ブレーカーメーカーの Tavrida Electric と提携し、2017年には、ブロックチェーン関連製品開発のための子会社を設立しています。

### ④ Tavrida Electric（タブリダ・エレクトリック）、ロシア

22カ国に拠点を持つ、世界のブレーカー業界の主要プレーヤーのひとつです。ブロックチェーンを活用し、エネルギー取引情報の記録するための実証実験に向け、ロシアの電子

決済代行の大手キウィや、世界のエネルギースマートグリッドサプライヤーと協力しています。

## ブロックチェーンの活用に関する基礎研究：6社

### ①Energy Web Foundation（エネルギー・ウェブ・ファウンデーション：EWF）、米国

エネルギー業界におけるブロックチェーンの実用化推進のために立ち上げられた組織です。米国のロッキー・マウンテン・インスティチュートが、豪州を拠点とするブロックチェーン関連のスタートアップ企業グリッド・シンギュラリティと共同で設立しました。参加企業には、Centrica、Elia、Engie、Royal Dutch Shell、Sempra Energy、東京電力ホールディングス、SP Group、Statoil、Stedin、Technical Works Ludwigshafen といった各国のエネルギー関連大手らが名を連ねています。

EWFでは、ブロックチェーンは、21世紀の電力網には欠かせない要素のひとつとして捉えています。ブロックチェーンにより取引コストを削減するとともに、再生可能エネルギーのさらなる普及と電力の安定供給、そして高い費用対効果を実現する仕組みへの移行

出典：Energy Web Foundation（エネルギー・ウェブ・ファウンデーション）

を加速化できると考えています。

異なるブロックチェーンアーキテクチャー間の相互運用性やコスト削減などを実現する、業界標準となるブロックチェーンを確立することで、そのポテンシャルを十分に引き出すことを目指しています。

具体的には、オープンソースのブロックチェーン・プラットフォームの開発に加えて、事例の分析や概念実証、実用化に取り組んでいます。目標の達成に向けた課題のひとつに、エネルギー業界で使用される通信プロトコルの多さがありますが、既存の３００以上の通信プロトコルのオープンソース化にも取り組むと発表しています。

ＥＷＦは２０１７年10月、ブロックチェーンのテストネットワーク「Tobalaba」の運用を開始しました。また、同年11月には、外部開発者も、それぞれDApp（分散型アプリ）の開発が行えるよう、テストネットワークとソースコードを一般公開しました。

### ②Grid Singularity（グリッド・シンギュラリティ）、豪州

２０１６年に創業されたエネルギーとブロックチェーンに特化したベンチャー企業です。米国のエネルギー調査団体のRocky Mountain Instituteとともに、ＥＷＦを創設し、電力取引や送配電機器のモニタリング、グリーン電力証明などに関するアプリを開発しています。

### ③Endesa（エンデサ）、スペイン

スペインの大手電力会社です。２０１７年、「ブロックチェーンラボ」という企画を実施しました。スペインのエネルギー業界におけるブロックチェーンの活用案を国内外から募集しました。応募は、スペイン国内だけでなく、フランスや英国、アルゼンチンなどからもありました。応募の中から選ばれた、ブロックチェーンを活用したピアツーピアサービス・エネルギー認証・ＥＶに関する案について、今後も継続して取り組むとしています。

また、スペインの金融機関やエネルギー企業、通信関連企業などが参加するブロックチェ

ーン・コンソーシアム「Alastria」のパートナー企業でもあります。

### ④Wanxiang（ワンシャン）、中国

中国の大手自動車部品メーカーです。Wanxiang Blockchain Labs や Wanxiang Accelerator など、ブロックチェーンに関する多数の組織を傘下に持ちます。中国最大のブロックチェーン推進企業であり、イーサリアムブロックチェーンを活用した、オープンソースプラットフォームを提供しています。２０１７年5月には、中国企業における開発を後押しするための新たなブロックチェーン製品「WanCloud」を発表しました。

ワンシャンは、浙江《せっこう》省の省都・杭州《こうしゅう》市でスマートシティ計画を発表しました。スマートシティ構築に向けて5年間で２０００億元（約3・2兆円）の投資予定です。

### ⑤Energy Blockchain Labs（エナジー・ブロックチェーン・ラボ）、中国

2016年に設立された中国の企業です。世界初となるブロックチェーンを活用した炭素資産管理のためのプラットフォームを開発しました。ＩＢＭと連携し、また基盤にはHyperledger Fabricを使用しています。製品のライフサイクル管理のプラットフォームで、炭素資産管理の報告および検証プロセスに適用することができます。具体的には、再生可

能エネルギーおよびその他の種類の環境製品の認証のための登録・管理に使用可能です。

このブロックチェーンベースのプラットフォームにより、炭素開発の経済的支出を大幅に削減することが可能です。現在は、中国の排出権取引市場にフォーカスして開発されていますが、今後は、他の地域の炭素取引市場にも導入することも目指しています。

### ⑥ ElectriCChain（エレクトリックチェーン）、アンドラ公国

世界各国に設置された７００万基の太陽光発電設備から、気象データを収集し、局地的な気象監視や大気汚染モニタリングなどの学術研究に役立てることを目指して２０１４年に創業されました。太陽光発電のデータは、ブロックチェーンを使って公開・共有しています。Google、ＮＡＳＡ（米国航空宇宙局）、ＭＩＴ（マサチューセッツ工科大学）、Xerox PARC、SolarCoin Foundation、Global SolarChange、Solcrypto、Sunspec、Reutersなどの科学者と協力しています。

# 第5章

# セカンドステップ：
# 業界の垣根を越えて
# 生まれるビジネスモデル

セカンドステップ

セカンドステップ
2025〜2030年

1　ＥＶとの連携
2　蓄電池・家電製品などＩｏＴ機器との連携
3　エネルギー企業同士での直接取引

複数の企業がつながることで、生まれた新しいサービスが中心

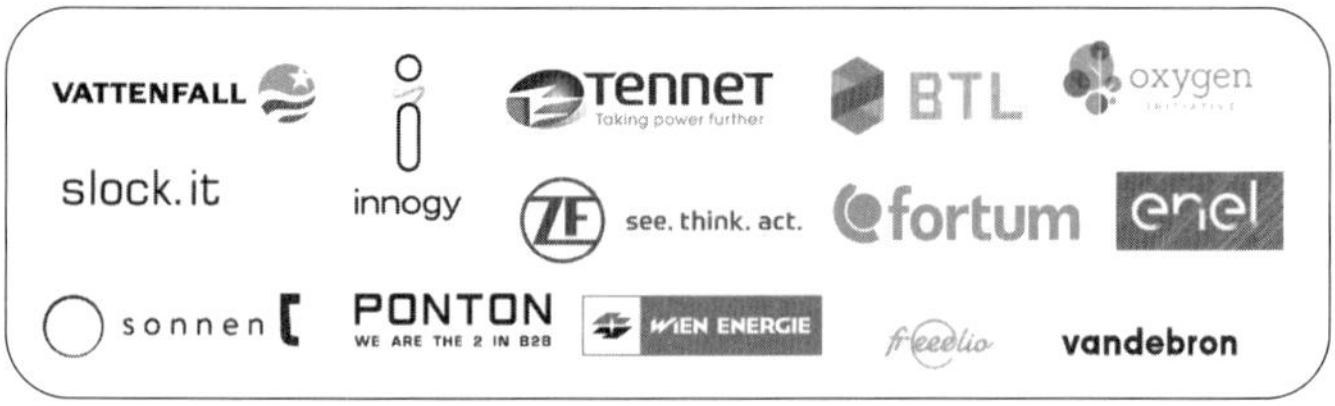


本章では、セカンドステップ15社の企業事例を紹介します。セカンドステップの２０２５年ごろからは、ブロックチェーンを活用し始めたエネルギー企業同士、エネルギー企業と他業界企業、エネルギー企業と個人がつながり始めます。

ファーストステップは、自社完結でのブロックチェーンの活用が主流でしたが、セカンドステップは、企業同士がさらなる効率化やスピードアップ、新しいビジネスモデルの展開を進めていきます。

紹介する事例では、電力会社とブロックチェーンのシステムを開発する会社や自動車メーカーなど、複数社が連携しているケースが多く見られます。

## 急速に普及するEV、蓄電池、IoT機器

事例紹介の前に少しだけ補足します。２０２５～２０３０年ごろには、ＥＶや蓄電池、ＩｏＴ機器が急速に普及します。

記事を見て目を疑いましたが、米国スタンフォード大学講師のトニー・セバ氏らは、「２０２５年ごろには、ガソリン車やディーゼル車が１台も売られなくなる」という大胆な予測を発表しています。それを裏付けるように欧米や中国の政府は、ガソリン車からＥＶへの転換を表明しています。新しい自動車市場への注目度は高く、掃除機で有名な家電メーカーのダイソンもＥＶへの参入を表明しています。

ガソリン車よりも、まだまだ高価なＥＶの価格低下には、なんといっても搭載される蓄電池のコストダウンが欠かせません。その蓄電池の代表格であるリチウムイオン電池の製造コストは、10年間で急速に下がっています。蓄電池は、コスト以外にも、充電時間の長さと利用可能時間の短さがネックと指摘されています。しかし、次の技術として日本勢も開発に力を注いでいる「全固体電池」では、２つの弱点を克服するでしょう。

## EV普及への各国のスタンス

| | 主な目標・発言 | 全自動車台数（2015年） | EV・PHV 定量台数目標 2016年 | 2020年 | 2030年 | 2040年 |
|---|---|---|---|---|---|---|
| 日本 | 2030年までにEV・PHVの新車販売20~30%を目指す（経済産業省） | 8,000万台 | 15万台（累計） | 100万台（累計） | 20~30%（新車販売） | |
| 英国 | 2040年までにガソリン・ディーゼル車販売終了※1（運輸省、環境・食料農村地域省） | 4,000万台 | 9万台（累計） | 150万台（累計） | | ガソリン・ディーゼル販売終了 |
| フランス | 2040年までにGHG排出自動車の販売終了※1（ユロ・エコロジー大臣） | 4,000万台 | 8万台（累計） | 200万台（累計） | | ガソリン・ディーゼル販売終了 |
| ドイツ | ディーゼル・ガソリン車の禁止は独政府のアジェンダには存在しない（政府報道官） | 5,000万台 | 7万台（累計） | 100万台（累計） | 600万台（累計） | |
| 中国 | 2019年から生産量の一部※2をEV・FCV・PHVとするよう義務化（工信部） | 1億6,000万台 | 65万台（累計） | 500万台（累計） | 8,000万台（累計） | |
| 米国（加州） | 販売量の一部※3をZEV※4とする規制あり（2018年からHVが対象外に）（カリフォルニア州） | 2,500万台 | 56万台（累計） | 150万台（累計）※2025年の目標 | | |

出典：経済産業省

## ＩｏＴ機器同士が互いにつながる未来

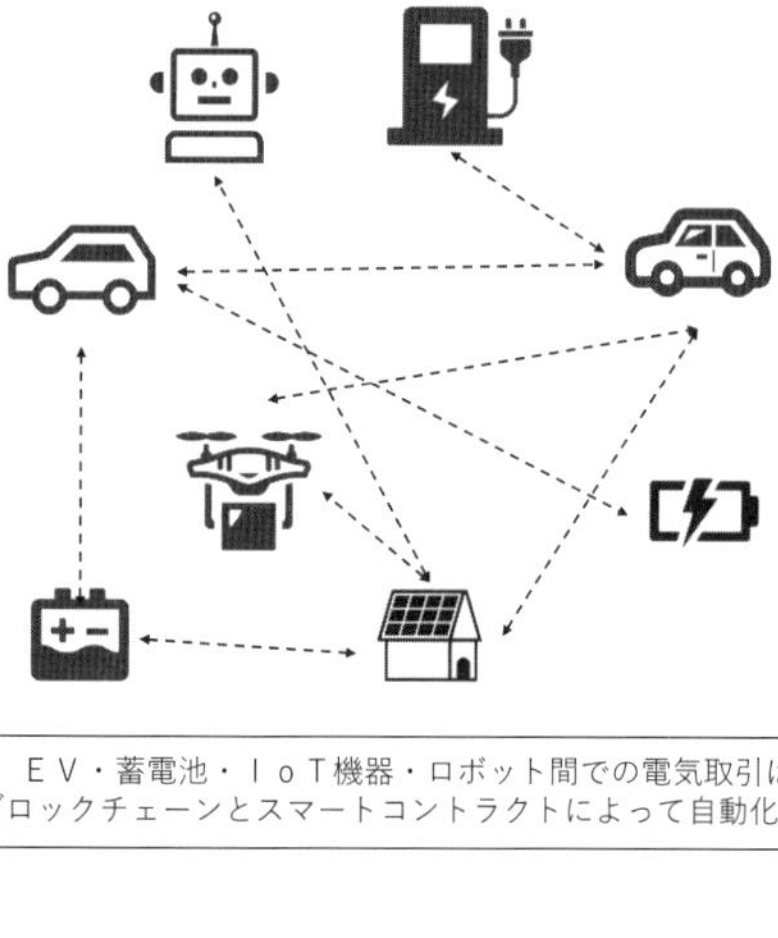

ＥＶ・蓄電池・ＩｏＴ機器・ロボット間での電気取引は、
ブロックチェーンとスマートコントラクトによって自動化される

将来的にＥＶや蓄電池、ＩｏＴ機器が増えれば増えるほど、今までと違う場面での充電ニーズが高まります。それは、「どこでも」電気を使いたいというニーズです。

ニーズに応えるように、ＥＶは、信号を待っている間やスーパーマーケットの駐車場での自動充電が実現します。ＥＶは、自動的に充電状況を把握し、駐車場で電力が足りないときは自動で充電・記録・決済します。ここにブロックチェーンが活用されます。

さらにＥＶは、次世代の電力網を構成する大切な要素のひとつになります。なぜなら、ＥＶに搭載されている蓄電池は、電力不足の際や災害時に利用できるからです。実際に需要が多く電力が足りないピーク時にＥＶに貯まっている電気を家庭が活用することで、電力網を安定させる実験も行われています。

外での充電ニーズは、ＥＶだけではありません。外出時に持ち歩くスマホやタブレットに代表されるウエアラブルデバイスもその対象です。外での充電時には、無線充電が活躍します。無線充電は、現在のWi-Fi（ワイファイ）のような感覚で、特定のエリアに入れば、自動的に充電ができます。これから急速に普及するドローンや移動式ロボットも街中で無線充電するのが一般的になるでしょう。

まさに「いつでも、どこでも」が実現し始めます。その際に外出先で電気をどれだけ購入したか、どれだけ販売したかが正確にわからないと誰も納得しません。その大切な情報記録は、ブロックチェーンの仕組みが担います。電気の取引は、業務を自動化してくれるスマートコントラクトによって、あらかじめ決めておいたルールに基づいて行われます。利用者が行うことは、電気の売買情報をスマートフォンで確認することくらいです。

「いつでも、どこでも」は、電力会社にとっても新たなビジネスチャンスです。なぜなら、EV・ドローン・ロボットなど、これまでになかったエネルギー需要が増えるからです。結果として電力市場規模は拡大します。電力会社は、自動車メーカーやお店と連携・協業することで、家の中だけでなく外で電気を販売するという新たな収益源を獲得します。

## パッケージ化されるエネルギー

このころになると電気は、電気単体ではなく、さまざまなサービスとパッケージで販売されています。例えば、EVや家電、ロボットを購入すると、3年間割安で充電できるパッケージ。外出中にどこでもスマートフォンやパソコンを充電できる月額ワイヤレス充電プラン。自分の生活スタイルに合った電気の購入をサポートしてくれるAI搭載の蓄電池とのセット販売などです。電気を売ったら終わりの時代から、売ってからも継続して消費

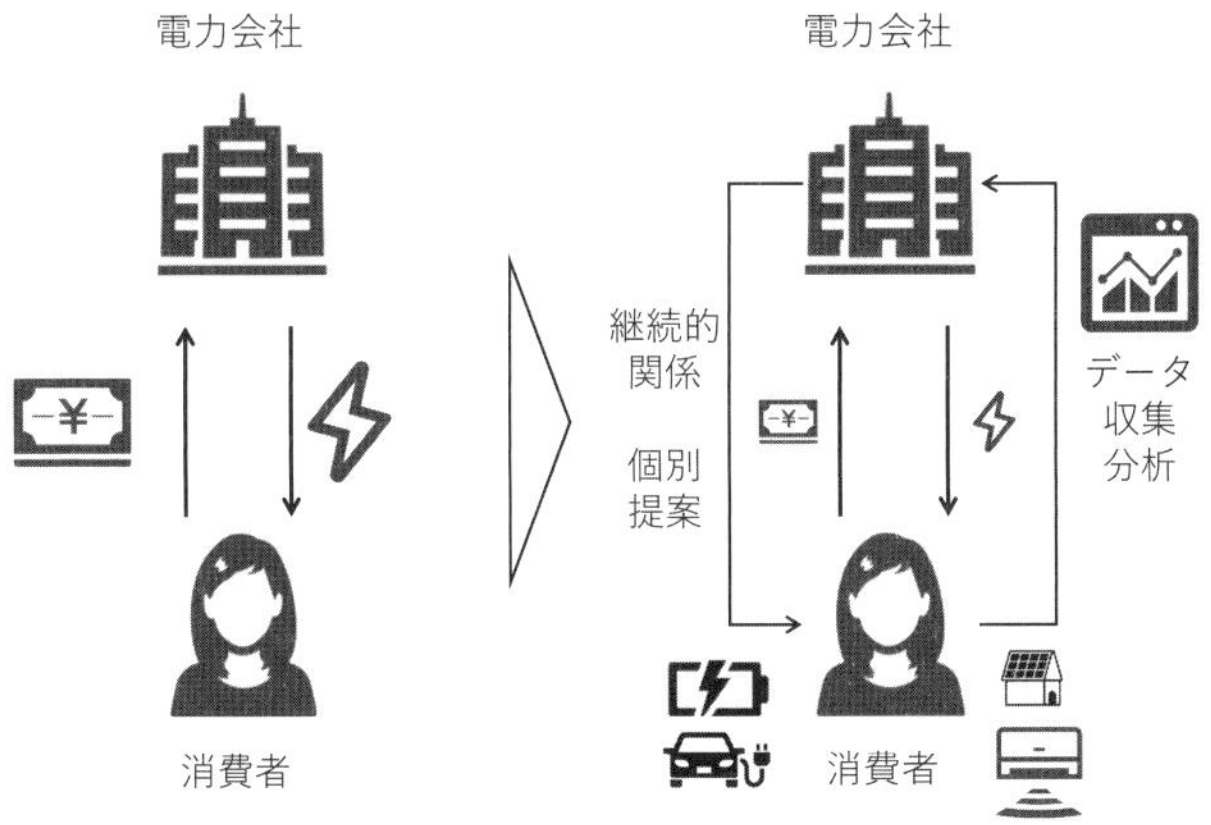


電気の販売以降も継続して関係を持つことで課金していくビジネスに変化

者との関係を持つことで課金していくビジネスに変化していきます。

実は、すでにパッケージでエネルギーにお金を払っているケースは存在します。例えば、レンタルスペースを利用するときです。セミナーなどの用途でレンタルスペースを借りる際は、代金として1時間あたり5000円などを支払います。もちろん5000円の中に電気代も含まれています。高速バスに乗ったときも東京から大阪までの1万円の料金には、ガソリン代が含まれています。ホテルや漫画喫茶も同様です。この流れが加速します。

電力会社にとっては、売ったら終わりの時代から、売ってからも継続的に関係を持つ時代へと移ることは新たなビジネスチャンスです。なぜなら、いわゆる顧客の顔（消費者の利用状況）が、これまで以上に見えるようになるからです。エネルギー利用状況の分析結果を踏まえ、よりニーズの高いパッケージの開発や、最適なプランを提案することができます。

## EVとの連携：４社

### ① ZF Friedrichshafen（ゼットエフ・フリードリヒスハーフェン）、ドイツ

ＵＢＳ（金融機関）やinnogy（電力会社）と連携し、ブロックチェーンを活用した「Car eWallet」という自動車用決済プラットフォームを構築しています。自動での料金支払いや会員登録、ログインを必要としない充電スタンドの利用のほか、カーシェアリングなどさまざまなことを実現するといいます。

ＥＶの利用者が抱える問題として、走行可能な距離が短く頻繁《ひんぱん》に充電しなければいけないこと、充電ステーションによって決済システムが異なることに着目しています。Car eWalletは、これらの問題を解決する革新的な決済システムを目指しています。

利用ユーザーは、Car eWalletにコンピューターやモバイルデバイスから送金し、Car

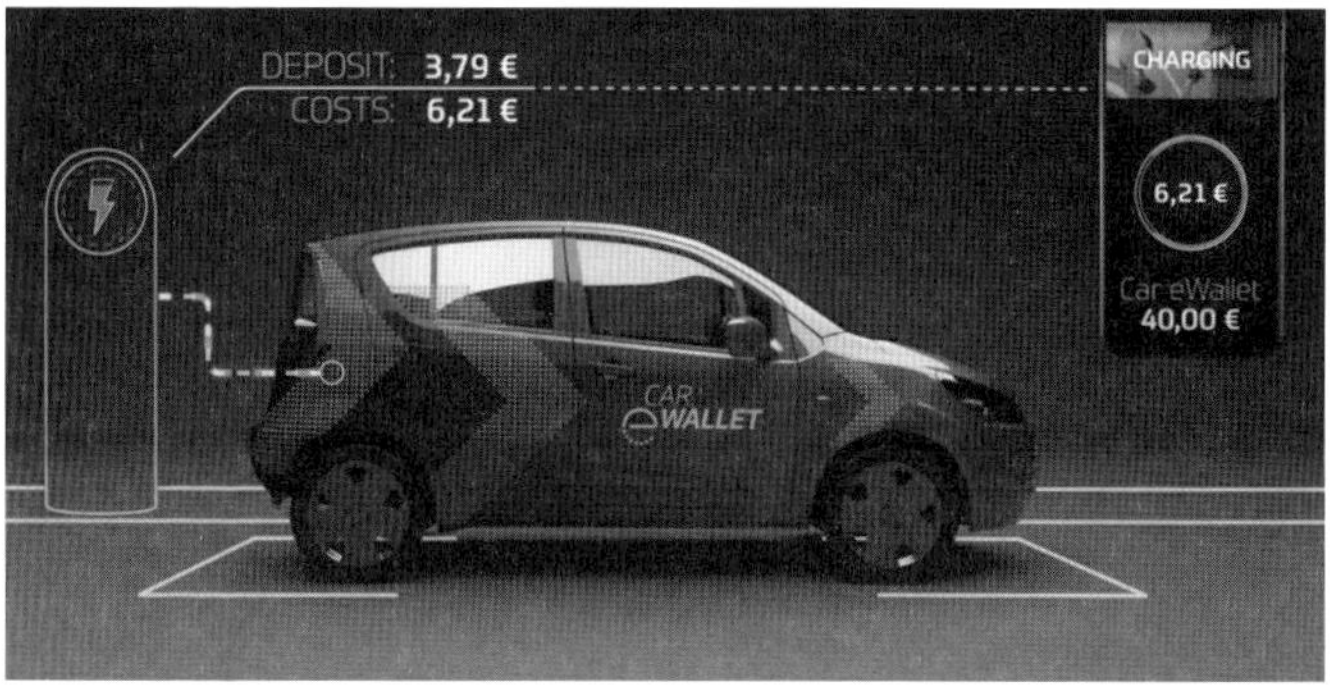


出典：ZF Friedrichshafen（ゼットエフ・フリードリヒスハーフェン）

eWalletが一定の上限金額まで自動的に支払いできるように設定します。Car eWalletの利用者は、ＥＶを充電ステーションに接続すると、登録したりログインしたりする必要はなくバッテリーが充電され、Car eWalletが支払いを行います。

さらに、Car eWalletは、信号待ちなどの間に行われる電磁誘導充電と、その支払いまで視野に入れています。短時間の非接触の電磁誘導充電では、充電できる量に限りがあるものの運転中に少量でも充電を重ねることができれば、頻繁に充電しなければいけないというＥＶの短所を克服することができると考えています。

ブロックチェーンベースのCar eWalletは、少量の充電に対する少額の決済（マイクロペイメント）にも柔軟に対応でき、利用者に限らず電力供給者にも新たな収入源として魅力的なシステムとなる可能性があります。

決済機能のほかに、ゼットエフ・フリードリヒスハーフェンは、プレスリリースの中で将来実現される機能として、料金の受け取りや第三者に自動車へのアクセス許可を与える機能に言及しています。車両にアクセスコントロールを設定して他者に貸し出し、料金を受け取ることでカーシェアリングが可能になります。また、トランクにアクセスコードを設定し、荷物の配送に利用するCar eWalletと、電力供給源とのより洗練されたインタラクションなどについても構想が練られています。

### ②Vandebron（ヴァンデブロン）、オランダ

２０１４年に創業され、ピアツーピア取引での電力供給サービスを提供するオランダのベンチャー企業です。再生可能エネルギーの普及における大きな課題のひとつである出力変動による電力網への影響について、ブロックチェーンを活用した電力供給網の安定化のためのサービスをＩＢＭ、Tennet、Sonnen eServicesと協働で開始しています。

このプロジェクトでは、ヴァンデブロンはＥＶの所有顧客と協力して、車のバッテリーの容量を利用して、Tennetが電力網のバランスを取れるように支援しています。

ブロックチェーンにより、自動車バッテリーの可用性と走行情報を記録することで、Ｅ

出典：innogy（イノジー）

Ｖの所有顧客は、バッテリーの可能性を損なうことなく安心して参加することができます。２０１７年に「ICT Environment Award」を共同受賞しました。

### ③ innogy（イノジー）、ドイツ

２０１６年に設立されたドイツの大手エネルギー事業者ＲＷＥの子会社です。再生可能エネルギーや配電、電力小売り事業を手がけています。また、ベンチャー企業などと協業し、ブロックチェーンなどのデジタルテクノロジーをエネルギー業界において活用する新規事業の創出にも積極的に取り組んでいます。イノジーは、「Share & Charge」というサービスを開始し、ドイツ全域の１０００カ所以上のＥＶ用の充電ステーションが活用できるサービスです。利用者は、「Share & Charge」のスマートフォンアプリを使用して、外出先などで気軽に充電し、料金を支払うことができま

す。ブロックチェーンを活用することにより、充電での課金や決済の手間を簡素化することに成功しました。このアプリは、ブロックチェーン活用した世界初のＥＶコミュニティプラットフォームです。

### ④ Oxygen Initiative（オキシジェン・イニシアチブ）、米国

２０１４年に設立された電動モビリティを手がける米国のベンチャー企業KnGridとドイツ電力大手イノジーのジョイントベンチャーです。ＥＶと電力網の統合（ＶＧＩ：Vehicle-Grid Integration）を目指しています。ＥＶの充電スタンドの設置から保守運用、ドライバーへの請求まで一貫して支援するほか、イノジーの「Share&Charge」の米国向けローカライズ（サービスの改良、定着化支援）を手がけています。

Share&Chargeは、世界初のブロックチェーンを活用したピアツーピアマーケットプレイスであり、ユーザー間での充電スタンドのシェアを可能にするサービスです。すでにドイツで展開しており、２０１８年1月時点で１２００以上の充電スタンドが登録されています。

Share&Chargeで個人や企業が充電スタンドを共有することができます。オキシジェン・イニシアチブは、電子財布を使ったShare & Chargeで高速道路通行料や駐車料金、

ＥＶの充電、ブロックチェーンを使用してカーシェアリングの料金を徴収しています。ＥＶ充電の価格は、各充電スタンドで設定できます。それに加え、スマートダッシュボードでリアルタイムに充電スタンドを探し出せます。充電の記録にアクセスし、自身の好みに合わせてカスタマイズも可能です。充電ステーションの位置を住所やＩＤ（システムの利用者を識別するための符号）、またはステータスで検索可能です。

また、オキシジェン・イニシアチブは、イノジーの親会社でドイツの大手エネルギー企業のＲＷＥが開発した技術を活用した充電スタンドの米国国内での展開も手がけています。

## 蓄電池・家電製品などIoT機器との連携：６社

### ①Fortum（フォータム）、フィンランド

フィンランドの大手電力会社です。北欧諸国のほか、ポーランド、バルカン諸国、インドで事業を展開しています。フィンランドにおけるブロックチェーン関連のエコシステムづくりを目指し、２０１６年10月にブロックチェーンのプロジェクト「ＢＯＮＤ」を立ち上げました。

まずは、フィンランド国内のさまざまな分野におけるブロックチェーンに関するツールや技術、ソリューション、事業性についての研究を進めています。リサーチパートナーとして、フィンランド国立技術研究センターやフィンランド経済研究所、アールト大学が参画しています。また、ＮＯＫＩＡなど９社も協力しており、アドバイザーとしてＩＢＭなどが関与しています。

ＢＯＮＤでは、仮想通貨としてではなく、非金融系のユースケースに特化するとしており、参加企業の関心が高いユースケースのものを中心に、利活用のための要件の洗い出しや、パイロット開発などを進めています。具体的には、マーケットプレイスやデジタル資産、物理資産、エネルギー市場／業界、５Ｇ、ＩｏＴ、スマート環境・ビルディング、資産管理、物流などの分野におけるユースケースに取り組んでいます。

ブロックチェーンを活用した、住宅内の家電製品をインターネット経由で操作するためのソリューションを提案しています。室温を最適な温度に保つと同時に、家庭内の電力使用量に対する意識を向上させることを目指しています。２０１６年、コンソーシアムＢＯＮＤを立ち上げ、ＶＴＴ、ＥＴＬＡ、Aalto University、ＮＯＫＩＡなどとともにブロックチェーンの活用方法を模索する取り組みを開始しています。

### ② Slock.It（スロックイット）、ドイツ

ＩｏＴとシェアリングエコノミー向けのプラットフォームを開発するドイツのベンチャー企業です。誰でも、何でも、売ったり、貸したり、シェアしたりすることを可能にするための技術を、イーサリアムをベースにしたブロックチェーンで開発しています。ドイツでは、スロックイットの技術を導入したＥＶの充電スタンドがすでに運用中です。

### ③ Freeelio（フリーリオ）、ドイツ

効率的なエネルギー消費を実現するためのＡＩ開発を手がける企業です。太陽光発電モニター「Smappee」に搭載でき、家庭のエネルギーマネジメントを自動化・最適化するＡＩアプリ「AdptEVE」を開発しています。AdptEVEは、自宅や建物内の電力消費パターンを学習し、未使用の太陽光発電、蓄電池の未使用容量、暖房や冷房の調整できる範囲が「いつ、どれくらい」あるかを把握できます。

### ④ Sonnen（ゾネン）、ドイツ

２００８年に創業された太陽光発電設備用の蓄電池メーカーです。各家庭に設置されたゾネン製の蓄電池は、インターネットを介してネットワーク化され、余剰電力をリーズナ

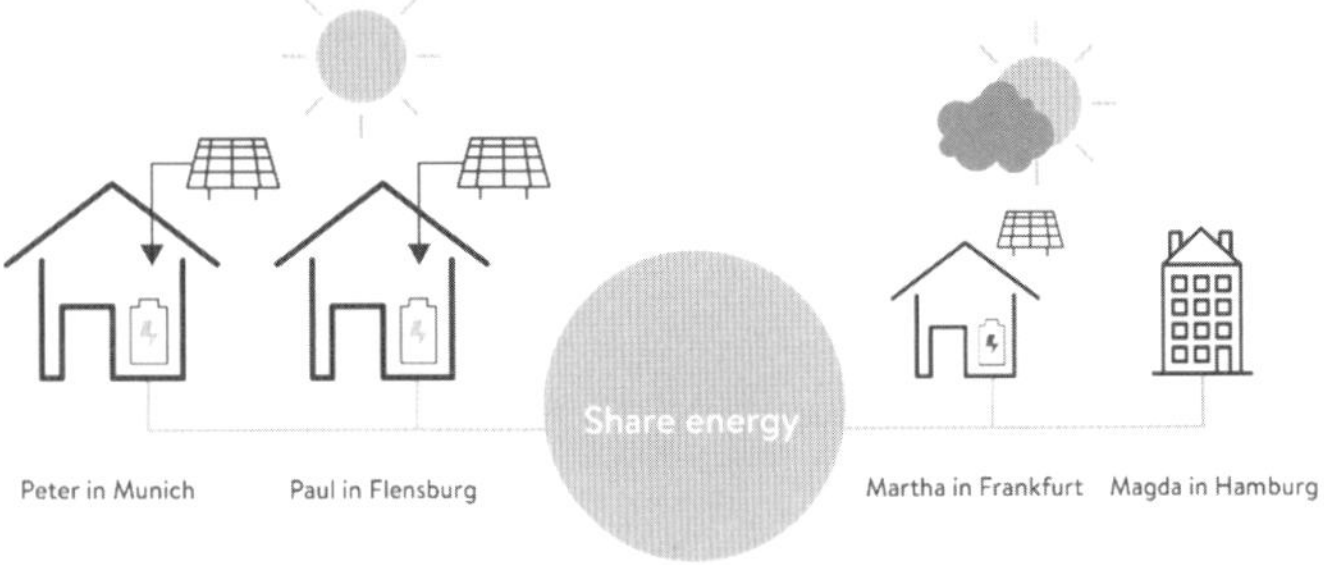


出典：Sonnen（ゾネン）

ブルな価格で融通し合うことができます。また、発電設備を持たない消費者も、ネットワークから電力を購入することができます。現在、世界に1万8000以上設置されています。

2017年には、送電会社Tennetとのパイロットプロジェクトを開始しています。家庭に設置されたゾネンの蓄電池を、ブロックチェーンを活用してネットワーク化し、電力網の安定化について検証しています。「2017 Zayed Future Energy賞」、MITやTechnology Reviewの50社の「Smartest Companies 2016」、「Cleantech Global 100」、Greentech Mediaの2016年「グリッドエッジイノベーション賞」、Cleantechの2015年「イスラエル・イヤー・オブ・ザ・イヤー」など数々の賞を受賞しています。

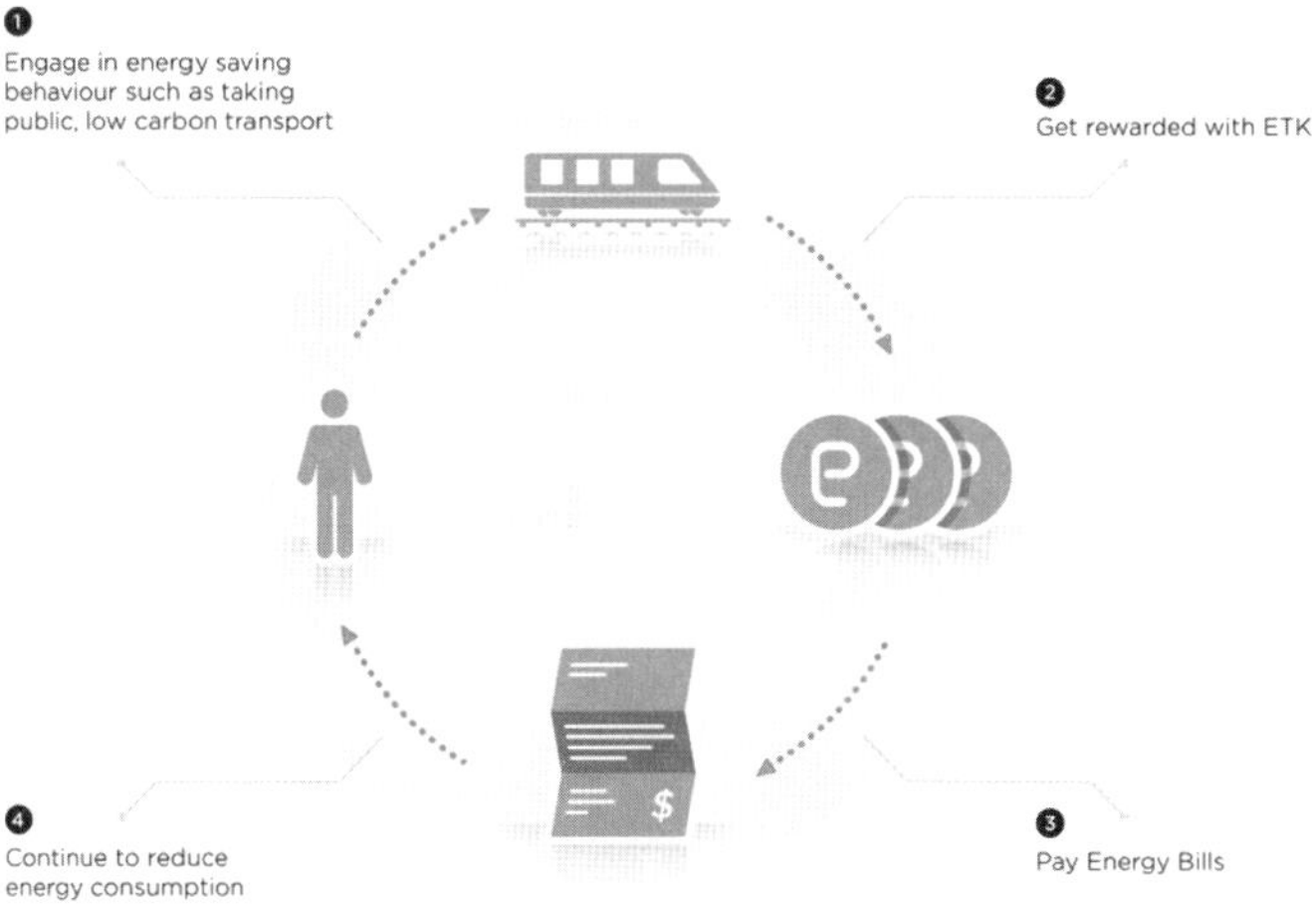


出典：Energi Mine（エナジー・マイン）

### ⑤ Tennet（テネット）、オランダ

オランダの大手送電会社です。迅速かつセキュア（安全）な通信を実現しつつ、電力網の安定化にも貢献する技術としてブロックチェーンの実用化に取り組んでいます。

ドイツでは、家庭に設置されたSonnenの蓄電池をネットワーク化、電力供給システムに連携させるパイロットプロジェクトを実施しています。ネットワーク化された蓄電池は、必要時に余分な電力を数秒で蓄電または放電し、電力網の送電問題を減らすことに貢献しています。また、オランダでは、ヴァンデブロンと協力し、ＥＶのバッテリーを活用した電力網の安定化のパイロットプロジェクトを実施しています。

### ⑥ Energi Mine（エナジー・マイン）、英国

２０１６年に創業されたエナジー・マインは、ＡＩを活用して企業のエネルギーポートフォリオを管理しています。ブロックチェーンでエネルギー効率の高い行動に報酬を与える仕組みを構築中です。

エナジー・マインが発行する独自の仮想通貨「EnergiToken（エナジートークン）」で、省エネ行動に対して報酬を支払います。具体的には、エネルギー効率の良い電化製品の購入、公共交通の利用、家庭でのエネルギー消費量の削減などの行動に対して独自の仮想通貨が支払われます。この仮想通貨は、法定通貨への交換やエネルギーの支払いに利用することができます。

## エネルギー企業同士での直接取引：５社

### ① Ponton（ポントン）、ドイツ

ドイツのハンブルグに拠点を構えるソフトウェア開発企業です。電力卸市場や商品市場における業務プロセスの標準化や、自動化のためのソリューションを中心に手がけ

ています。また、ブロックチェーンを活用したピアツーピアでの電力取引支援ツール「Enerchain」を開発・提供しています。

２０１６年11月に電力取引企業２社（Yuso、Priogen）による、欧州初のブロックチェーンを活用した電力取引が、Enerchainを使って実施されました。また同じく２０１６年には、ヨーロッパ有数のエネルギー会社であるE.onのFuture Labにおいてエネルギーの分散型卸取引の実証試験が行われましたが、このベースとなったシステムもPontonが開発したピアツーピアネットワークシステムでした。

２０１７年５月には、欧州における中央管理者を置かない卸取引市場の立ち上げを目指し、欧州の大手エネルギー企業の賛同のもとにEnerchainプロジェクトが発足しました。プロジェクトには、ドイツに本社を置く電力・ガス大手のE.on、スウェーデンの電力大手バッテンフォール、オイルメジャー（国際石油資本）Total、フランスの電力・ガス大手Engieなど33社がメンバーとして名を連ねています。そのうちの１社、バッテンフォールでは、現在すべてのエネルギー取引に仲介業者が関与しています。取引数は平均して１日１４００件にも上るといいます。それぞれの取引にコストがかかり、システム上で処理される必要がありますが、ブロックチェーンの活用により、この取引にかかるコストを抑え、効率を上げることができると期待されています。

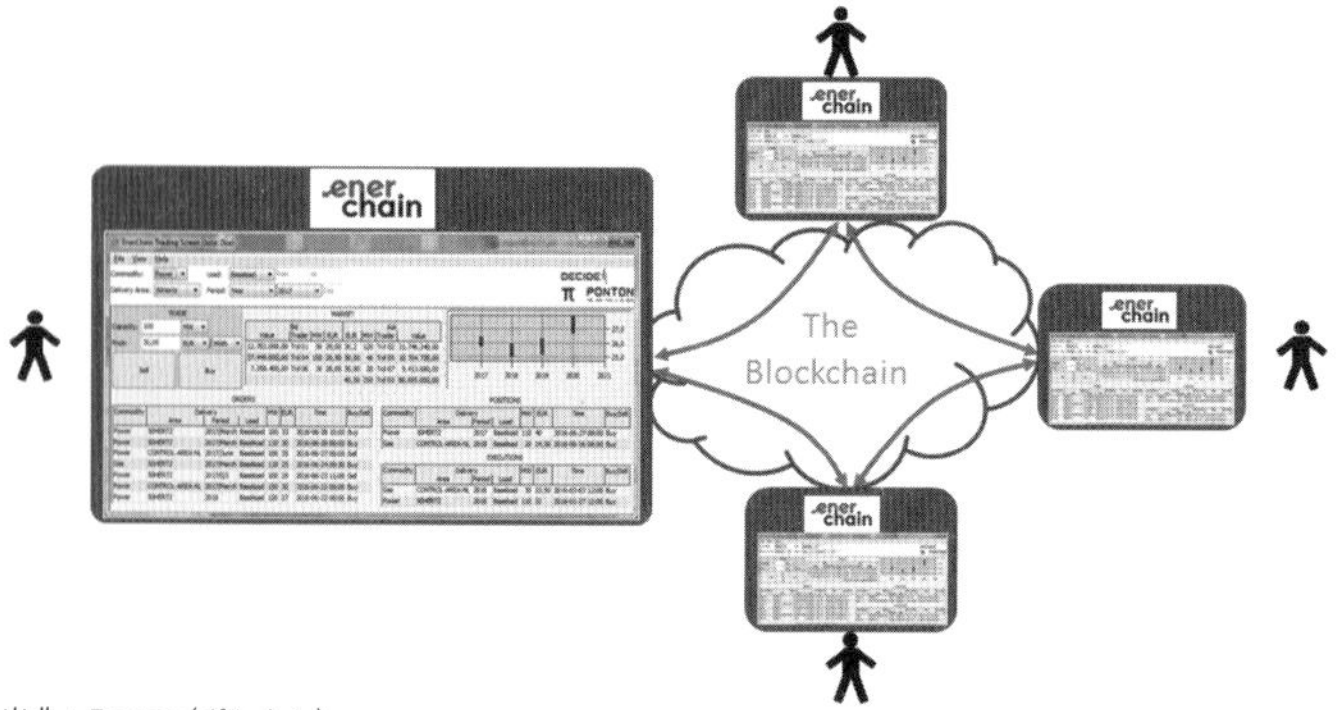


出典：Ponton（ポントン）

２０１７年のＥＭＡＲＴカンファレンスでは、E.on と Enel が Enerchain を使った電力取引を実施しました。また、Wien Energie と Neas が同様の仕組みを使い、ガス取引を実施しました。Enerchain の概念実証段階は、２０１７年９月から２０１８年４月まで実施されています。

## ② Enel（エネル）、イタリア

イタリアの大手電力会社です。ピアツーピアでの電力取引の展開に向けた Enerchain を活用した取り組みに参加しています。２０１７年の秋、ブロックチェーンを活用した取引市場において、初となる電力取引をドイツの大手電力会社 E.ON と実施しました。電力取引市場が介在しないことで、電力調達コスト削減を目指しています。

### ③ Vattenfall（バッテンフォール）、スウェーデン

北欧の電力最大手です。２０１７年末にかけて、Pontonが主導するブロックチェーンを活用したピアツーピア取引の実証実験に参加しました。このプラットフォームでは、発注情報は暗号化され、特定の管理者や銀行などの第三者の仲介者を介さずに取引できます。プロジェクトが成功すれば、卸売エネルギーの世界初ブロックチェーンに基づく取引システムになります。また、オランダでベンチャー企業Powerpeerを立ち上げ、ピアツーピアのエネルギーマーケットプレイスの構築に取り組んでいます。

### ④ BTL（ビーティーエル）、カナダ

２０１５年に創業された企業向けクローズド型のブロックチェーン・プラットフォーム「Interbit」を開発・提供しています。エネルギー業界に関しては、英国のエネルギー関連企業BPやイタリアの石油・ガス会社Eni、豪州のエネルギー関連企業Wien Energieなどの大手企業とともに、ガスの売買取引に「Interbit」を活用したパイロットプロジェクトを実施しています。パイロットプロジェクトにおける評価およびテストは、国際的コンサルティング会社のアーンスト・アンド・ヤングが実施し、トロントストックベンチャー取引所に上場しています。

### ⑤ Wien Energie（ウィーン・エナジー）、豪州

豪州の大手電力・ガス会社です。ＢＴＬが開発したブロックチェーン・プラットフォーム「Interbit」のパイロットプロジェクトに参加しています。ガス取引の試験を他のグローバル企業とともに実施し、パイロットプロジェクトにおける評価およびテストは、アーンスト・アンド・ヤングが実施しています。

ウィーン・エナジーの会長は「ブロックチェーンは、エネルギー業界に影響を与えているデジタル化の大きな流れのひとつ。豪州最大のエネルギー企業である我々は、顧客と自社にブロックチェーンが提供するチャンスを積極的に活用したい」と、インタビューで抱負を語っています。

# 第 6 章

## サードステップ：
## 35 年前の予言
## エネルギービジネスの主役交代

□サードステップ

| サードステップ 2030年～ | 1 再生可能エネルギー普及に向けた取り組み<br>2 電力の個人間（ペアツーペア）取引<br>3 消費者とエネルギー市場の直接取引 |
| --- | --- |

これまでは実現できなかった革新的なビジネスモデルが生まれる

サードステップの事例として19社の取り組みを紹介します。サードステップは、今までに存在しなかったもの、無理だと考えられていたものが、ブロックチェーンを活用することで、ビジネスとして花開きます。現時点では不可能なことや概念的に飛び過ぎに思えることが、どんどん実現する時代ともいえます。

ここで紹介する企業の取り組みは、非常に革新的です。読み進めるなかで「本当に実現することができるのか？」と疑ってしまうものもあるでしょう。しかし、すでに20社近い企業がチャレンジしている事実は、時代が今後、劇的に変化していくことの予兆だと考えます。常識に縛られない柔軟な発想を持って読み進めてみてください。

事例を紹介する前にいくつかのキーワード

を紹介します。

## 「プロシューマー」が活躍する時代の到来

キーワードの１つ目は「プロシューマー」です。プロシューマーとは、日本語にすると「生産消費者」と訳すことができます。消費だけでなく、生産にも関わる人々を指します。ご存知の方も多いと思いますが、この言葉は造語です。世界有数の未来学者である故アルビン・トフラー氏が、世界的ベストセラー『第三の波』の中で提唱しました。『第三の波』の中で、21世紀は消費者がプロシューマーへと変わっていく時代になると予言しています。事実、自分で自分のモノを作るＤＩＹ市場（ホームセンター市場）は成長しています。最近の３Ｄ（３次元）プリンターの普及やユーチューバーの活躍も消費者がプロシューマー化している事例です。

ついに２０３０年ごろは、エネルギーの世界も生産と消費を行うプロシューマーが主役の時代が到来します。なぜなら、数百万という単位で発電所が増えるからです。第２章で述べましたが、日本では、２０１９年以降、家庭を中心に小さな小さな発電所が増

エネルギーの生産者であり消費者である家庭が急激に増加

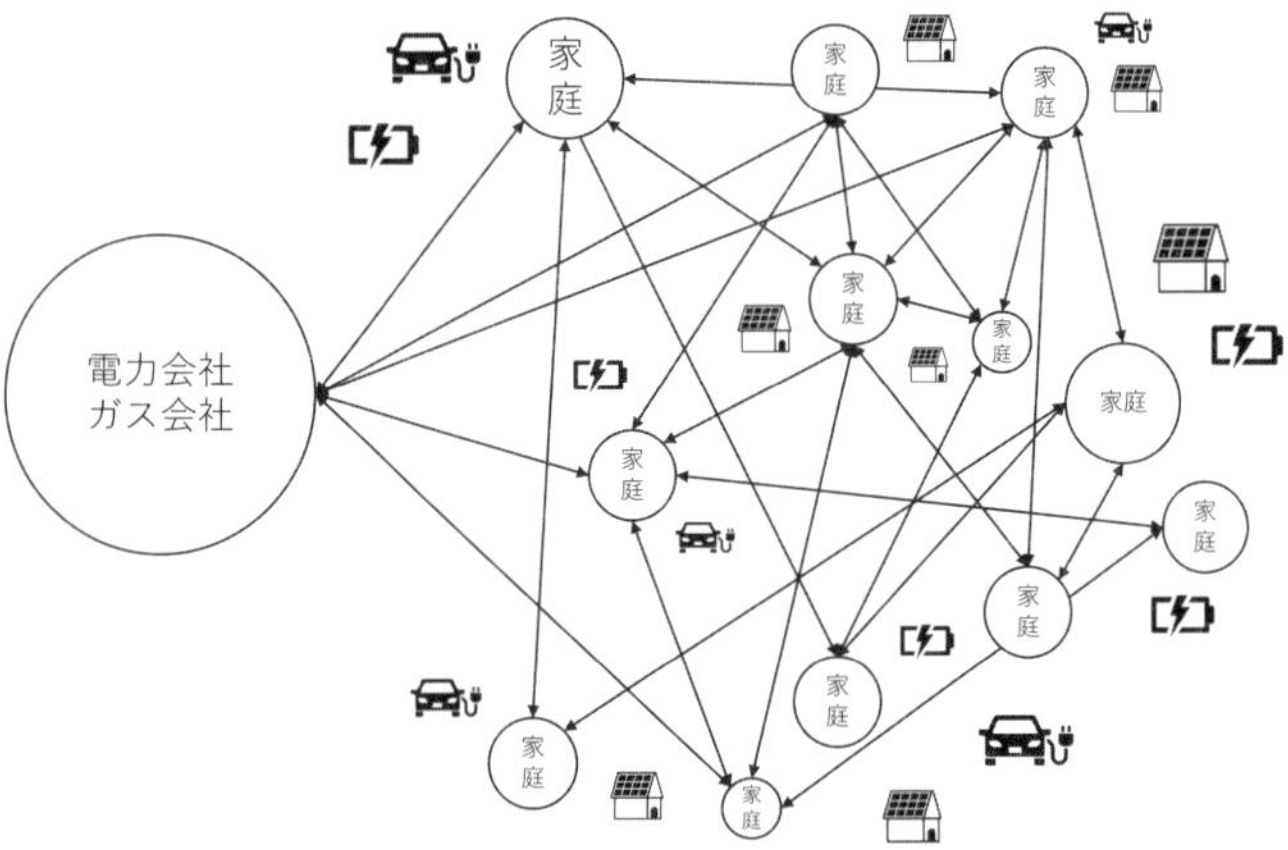


２０３０年以降は、プロシューマーが主役の時代に

えていきます。２０３０年ごろには、２５０万世帯程度になるでしょう。彼らは自宅で発電します。もちろん自家消費もしますが、それでも自宅では使いきれずに電力が余ってしまうということもあるでしょう。そうした場合、隣の家との電力シェア（電力の個人間での販売）を考えるでしょう。

　例えば、隣の家の人が1キロワット時あたり25円という価格で電力会社から電気を購入していれば、余っている電気を10円で販売することを考えるかもしれません。

　プロシューマーの数が増えれば増えるほど、当たり前のように家庭同士での電力のシェアリングが行われるよう

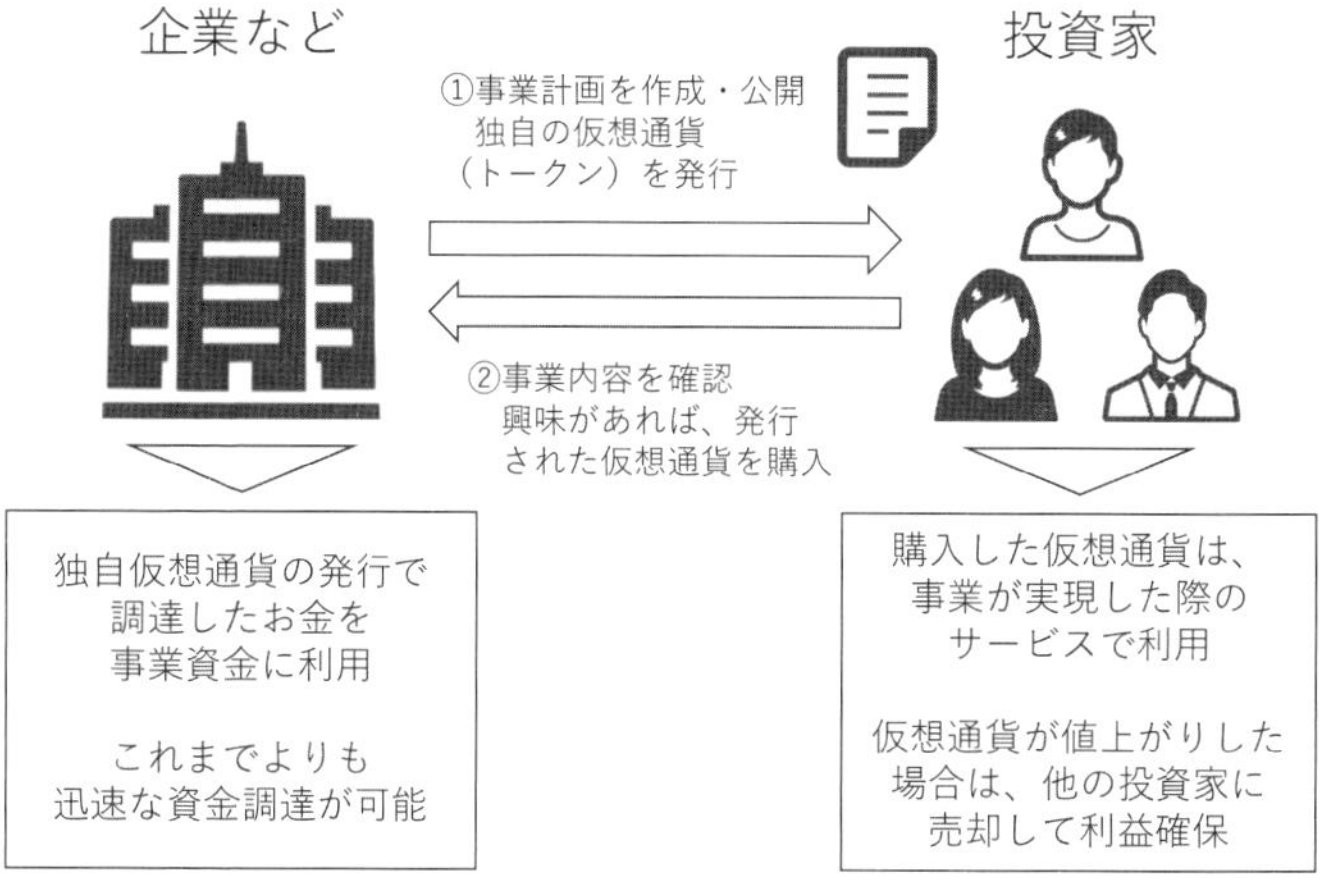


になります。そのシェアリングの情報管理にブロックチェーンが活用されます。

## 新たな資金調達方法ＩＣＯ（アイシーオー）

数年前からＩＣＯという仕組みが活用され始めています。ＩＣＯは「イニシャル・コイン・オファリング」の略です。これは、ブロックチェーンを活用した新しい資金調達の手段です。独自の仮想通貨（「トークン」とも呼びます）を発行し、集めたお金を事業のために利用する仕組みです。何か事業を起こす場合は、銀行から資金を借りる、自分たちでお金を貯めるなど、資金の準備が必要です。ＩＣＯは、事業を起こしたいという人とその事業を資本提供で応援しようという人が直接つながれる仕組みです。これまでよりも資金調達が素早くできるという魅力があります。これまでの実績として、ＩＣＯにより１００億円以上の資金を調達した事例もあります。将来的にＩＣＯは、エネルギー業界でも新たな事業を立ち上げる際の資金調達の方法のひとつとして普及していくと考えます。

しかし、ＩＣＯは、まだ発展途上段階です。資金を集めたものの事業がうまくいかない事例や、独自に発行した通貨価値が下がり続ける事例、プロジェクトが途中で頓挫《とんざ》するといった詐欺に近い事例も見受けられます。

２０３０年ごろには、ＩＣＯで資金調達する各事業を人々が評価し合う仕組みが生まれ、投資する側もある程度目が肥えてくるでしょう。15年、20年たつと、資金調達のひとつとして、ＩＣＯが一般的になると考えています。

## 電気を売らない、電力会社の登場

将来的には、電気を売らない電力会社が現れます。彼らは、プロシューマーと協力し、電力が足りない人と余っている人をマッチングする電力会社です。つまり、電気の発電と

消費の両方を行うプロシューマー同士、最適に電力を融通し合えるよう支援することを事業とするので、「販売も発電もしない電力会社」なのです。この新しい形態のエネルギー会社は、電気に関する専門知識と、ブロックチェーンなどのデジタルテクノロジーを活用して、電気の流れを効率的に最適化することをビジネスとします。電気を販売して収益を得るのではなく、最適化したい家庭や企業から会費、手数料収入を得るビジネスモデルです。

　本やDVDを扱っているけれども、販売していない図書館のような仕組みといえばなんとなくわかっていただけるでしょうか。週1回通っているフィットネスクラブもダンベルは販売していませんが、体を鍛《きた》える空間を提供しています。あるいは、銀行といってもよいかもしれません。銀行は、お金を製造しているわけではありませんが、お金の専門家として、お金を預けたい人と借りたい人の間をマッチングすることで、世の中のお金の流れをスムーズにしています。

太陽光発電や風力発電などの分散型電源は、ますます普及していきます。分散型電源の強みのひとつは、発電時に燃料費がかからず、ランニングコストが安いことです。しかし、発電が非常に不安定であることが弱みです。新しい形態のエネルギー会社が電気の流れを最適化することで不安定さを克服し、劇的に安価な電気が流通します。発電したエネルギーをほとんど無駄にすることなく、必要とする人やモノに格段に安い価格で提供できる時代がきます。

## 再生可能エネルギー普及に向けた取り組み：7社

### ①NRGcoin（エヌアールジーコイン）、ドイツ

再生可能エネルギー（グリーン電力）の普及を後押しするためのブロックチェーンを使った新しい仮想通貨です。同一地域や近隣地域内での再生可能エネルギーの発電・消費を

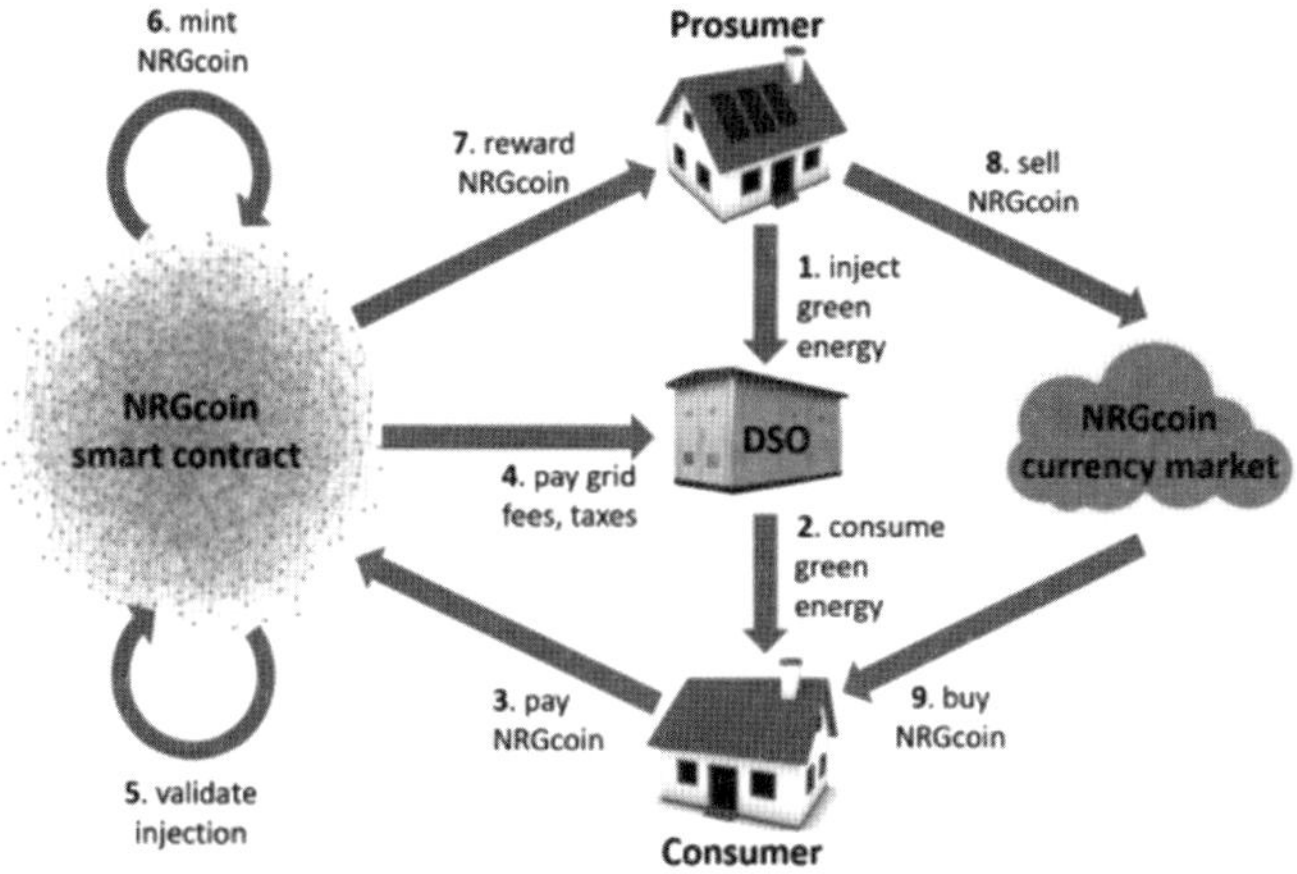


出典：NRGcoin（エヌアールジーコイン）

実現することで、再生可能エネルギーのさらなる普及、消費者にとってのコスト削減を後押しすることを目指しています。

ＥＵ（欧州連合）が資金を提供し、ブリュッセル自由大学が主体となって開発を推進しています。現在は商業化に向けて、ベルギーのエネルギー関連ソフトウェア開発ベンチャーEnervalisと連携する、産学共同の取り組みとなっています。

エヌアールジーコインの仕組みは、次のとおりです。太陽光発電などをする家庭（プロシューマー）は、ブロックチェーンのスマートコントラクト機能（契約に基づきプログラムが自動実行される機能）に基づき、余剰電力の売電時には1キロワット時に対して1NRGcoinを受け取ることができます。一方、発電量が足りず、電力を購入する必要があるときには、同様の価格で電気を購入できます。消費者が電力を購入する際は、スマートコントラクトに基づき、系統使用料や税金が自動的に配電会社にも支払われます。

エヌアールジーコインは、電力使用料の支払いに使えるほか、ユーロやドルなどの通貨にも換金できます。メリットは、①スマートコントラクトにグリーン電力の売電収入が組み込まれていて変えられない仕組みになっているので、太陽光発電に対する補助金の削減などの政策変更による影響を受けにくくなること、②電気代は、市場価格に関わらず常に固定価格（1キロワット時あたり1NRGcoin）で購入できるため、市場価格が上がり続ける限り相対的に安価にグリーン電力を消費できること、③スマートコントラクトによって取引が自動化されることがあります。

政府にとっては、グリーン電力促進におけるコストを抑え、関連予算を削減できることが挙げられます。今後は、オランダで住宅にゲートウェイ端末を設置した実証実験を開始する予定です。

### ② Filament（フィラメント）、米国

ＩｏＴと企業向けブロックチェーンの構築を行う企業です。既存の産業設備をネットワ

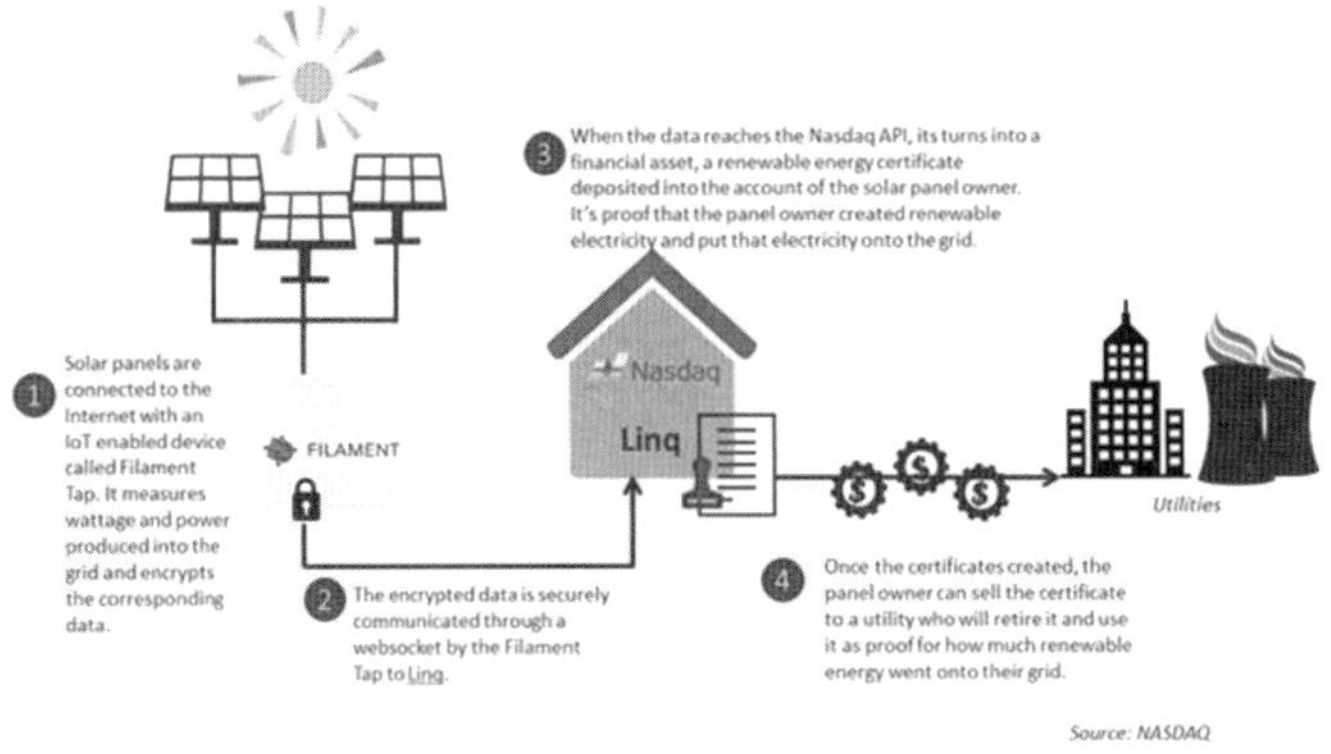


出典：Filament（フィラメント）

ーク化し、高効率化とコスト削減を行います。各設備に長距離通信ができるセンサーを設置し、機器同士が、それぞれの設備の状態を相互監視することで、全体として障害に強くします。また、センサーのネットワーク化には、ブロックチェーンを活用します。

フィラメントは、米国のナスダックと提携しています。「NASDAQ LINQ（ナスダックが開発したブロックチェーン・システム）」で提供されるAPIを介し、太陽光発電実績をブロックチェーン上に記録し、証券化した電力証書として取引するプロジェクトを実施しています。

プロジェクトでは、米国西海岸の太陽光発電で作られた電気の電力証書をニューヨークからリアルタイムで購入でき、電力証書の売買は誰でも自由に行うことができます。

ブロックチェーンを活用した電力証書は匿名性《とくめい》が保たれ、誰が発行したかはわからない仕組みになっています。

### ③ Alliander（アリアンダー）、オランダ

オランダの大手エネルギー供給会社で、再生可能エネルギー事業に注力しています。再生可能エネルギーの地産地消を可能にするブロックチェーン・トークン（仮想通貨の一種）「Jouliette」を開発しました。個人や地域社会が地域で発電された再生可能エネルギーを容易に管理して共有できるようにすることを目的としています。

Jouliette は、ジュール（エネルギーや電力量の単位）にちなんで命名されました。再生可能エネルギーのトークン化としては、オランダで初の試みです。アムステルダム市内の DE CEUVEL（デ・クーベル）エリアで運用されています。

### ④ Spectral（スペクタル）、オランダ

持続可能な開発を目指す、蓄電設備や移動式発電設備、EMS（エネルギー・マネジメント・システム）などを提供する企業です。スマートグリッドやシステム導入なども手がけています。Alliander と共同で、アムステルダム市内のデ・クーベルエリアにおけるブ

ロックチェーン・トークン「Jouliette」を発行しています。

デ・クーベルは、独自の専用マイクログリッドを備えており、Jouliette を介して地域内での個人間のエネルギー取引やカーシェアリングプログラムを実施中です。

Spectral は、ブロックチェーンでの開発、スマートメーターリング、データ収集用にカスタマイズされたハードウエアソリューションの提供を担当しています。

地域内のリアルタイム電力フローマップや、高解像度データの視覚化、機械学習予測システムなどの多くの機能が搭載されており、エネルギー使用量と将来の予測される電力の生産／消費量について把握することができます。

**⑤ Volt Markets（ボルト・マーケッツ）、米国**

２０１６年に創業された再生可能エネルギーの認証や追跡、取引を実現するプラットフォームです。イーサリアムブロックチェーンによるスマートコントラクトを使用することで、既存システムを上回るセキュリティや透明性、効率を確保しています。

**⑥ SolarChange（ソーラーチェンジ）、イスラエル**

太陽光発電を推進するためのプラットフォームです。太陽光発電に対するインセンティ

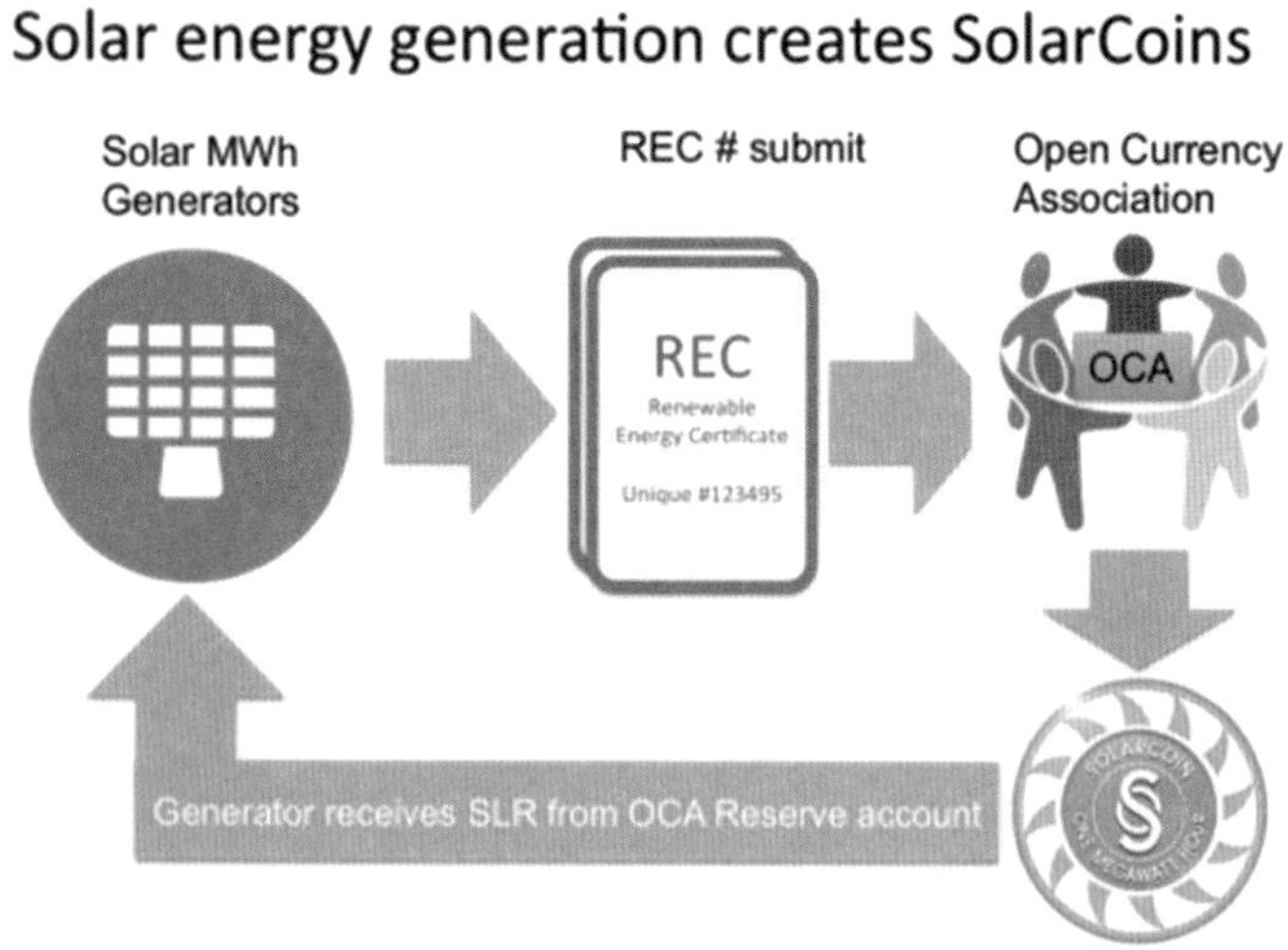


出典：SolarChange（ソーラーチェンジ）

ブを与えています。２０１４年から再生可能エネルギーに特化した仮想通貨「ソーラーコイン」を開始しました。

「ソーラーコイン」は、ブロックチェーンベースで開発され、太陽光発電者に新しい報酬をもたらします。「ソーラーコイン」ネットワークに登録している太陽光発電設備の所有者は、生産する太陽光発電量に応じて「ソーラーコイン」を受け取ることができます。

「ソーラーコイン」は、32カ国で展開しており、系列会社とパートナーのネットワークにより、さまざまな地域にサービスを提供しています。

今後40年にわたって太陽光発電への切り替えの動機づけを行うことを通じて、

出典：WePower（ウィーパワー）

環境負荷を低減することを目指しています。

## ⑦ WePower（ウィーパワー）、英国領ジブラルタル

ウィーパワーは、ブロックチェーンベースの再生可能エネルギー取引プラットフォームを構築しています。再生可能エネルギーの生産者は、独自のエネルギートークンを発行することで、資本調達が可能です。これらのトークンは、発電するエネルギーを担保とします。

エネルギー生産者は、再生可能エネルギーの購入者（消費者と投資家）と直接取引でき、エネルギーを先行して販売することによって資本調達が可能です。

また、エストニア国内でブロックチェーンを活用した大規模な実証プロジェクトを発表しました。エストニア全土でエネルギー消費や再生可能エネルギー発電に関するデータをブロックチェーンによってトークン化して管理します。プロシューマーが、電源の規模や構成によらず、エネルギーを取引できるようになることを目指しま

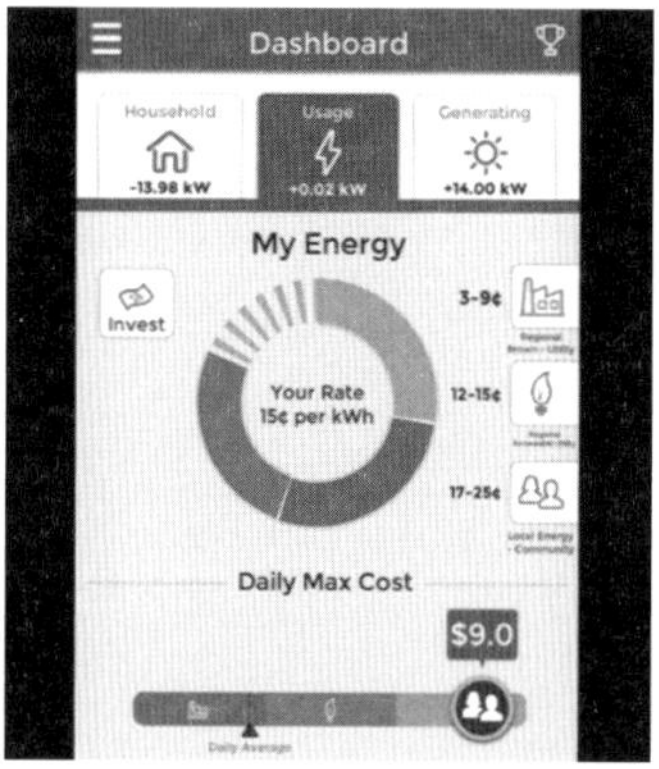


出典：Lo3energy（エルオースリーエナジー）

す。

## 電力の個人間（Peer to Peer）取引：10社

### ① Lo3energy（エルオースリーエナジー）、米国

２０１２年に創業され、ニューヨーク州ブルックリンを拠点とするベンチャー企業です。エネルギー業界において、分散型エネルギーシステムなどの実現に向けたツール開発やプロジェクト構築を行います。

地域におけるピアツーピア取引を実現する「Brooklyn Microgrid」を実施しています。ユーザーが余剰電力を直接近隣の人たちに売ることができるマイクログリッドを展開し、再生可能エネルギーの地産地消の実現を目指しています。利用者は、提供されているスマートフォンアプリで電気の販売や購入および確認が可能です。

### ②Power Ledger（パワーレッジャー）、豪州

ブロックチェーンを活用した、再生可能エネルギーのピアツーピア取引プラットフォームです。売り手と買い手が仲介役を介さずに、太陽光パネルで発電した電気を直接取引することを可能にします。電力網上でのピアツーピア取引、同じ建物内でのピアツーピアでの電力売買という２つの視点に基づき開発されました。スマートメーターから消費された電力量と、発電された電力量を読み取り、それらをブロックチェーン上に記録します。

パワーレッジャーは２０１７年10月、ＩＣＯを実施し、約30億円を調達しました。拠点とする豪州内での展開に加えて、タイとインドでマイクログリッドの商業運用に向けたプラットフォームづくりも手がけます。国内では、シドニーの電力小売り事業者オリジン・エナジーとマイクログリッドの試験的な立ち上げに取り組んでいます。

パワーレッジャーは、ジェマ・グリーン氏らによって設立され、現在、シリコンバレーの著名ベンチャーキャピタリストであるビル・タイ氏が取締役会のアドバイザーを務める、国際的にも注目を集めるブロックチェーン関連企業です。

### ③ OriginEnergy（オリジン・エナジー）、豪州

豪州の大手電力会社です。ブロックチェーン関連ベンチャー企業パワーレッジャーと提携し、２０１７年10月から3カ月間、ブロックチェーンを活用したエネルギーシェアリングのためのプラットフォームの検証プロジェクトを実施しています。個人を特定できないようにした過去のデータを活用したうえで、ピアツーピア取引におけるメリットとデメリットを見出すとともに、パワーレッジャーのプラットフォームが、正確かつセキュアに稼働することを確認しています。

### ④ Vector（ベクター）、ニュージーランド

ニュージーランドの電力・ガス会社です。ブロックチェーン関連ベンチャー企業のパワーレッジャーと提携しています。家庭での太陽光発電による余剰電力を、消費者同士が売買実現に向けて、パワーレッジャーが提供するエネルギー取引用プラットフォームを試験的に導入しています。

２０１６年からニュージーランドのオークランドにおいて、学校や一般家庭など５００カ所を対象にパイロットプロジェクトを実施しています。ベクターのＣＥＯ（最高経営責任者）は「今後は、太陽光パネルを持たない人でも、隣人から電力を購入することができ

出典：Open Utility（オープンユーティリティ）

るようになる」と発言しています。

**⑤ Open Utility（オープンユーティリティ）、英国**

２０１３年に創業されたベンチャー企業です。ピアツーピア・エネルギーマッチングプラットフォーム「Piclo」を提供しています。エネルギーのトレーサビリティや再生可能エネルギーの地産地消を実現し、また発電事業者が売電した電力が、どこで消費されているか把握することが可能です。

２０１６年、再生可能エネルギー事業者であるグッド・エナジーが業務用顧客向けにPicloへのアクセス提供を開始しました。２０１７年よりオープンユーティリティは、家庭向けにPicloの実証実験をスタートし

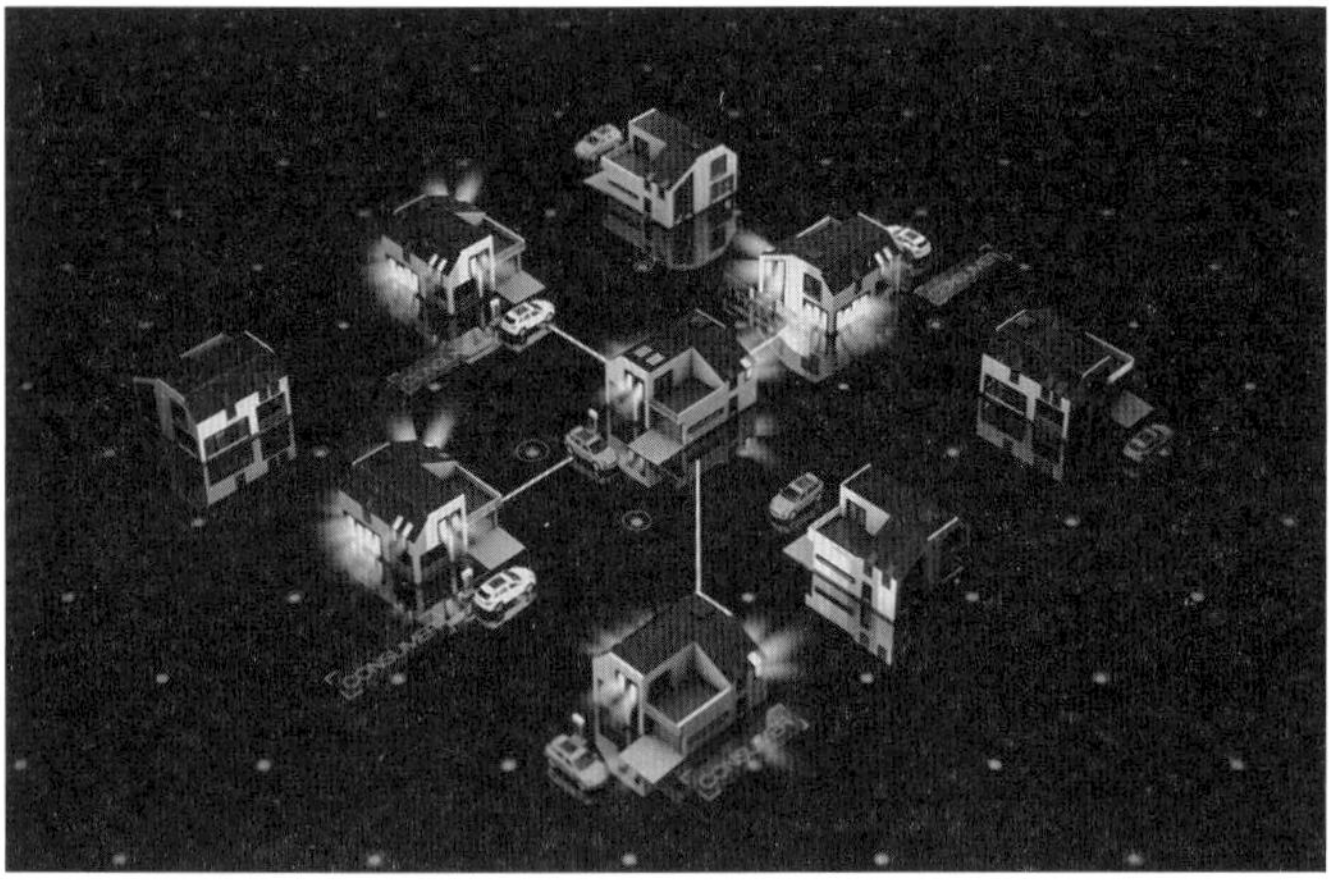

出典：Solarbankers（ソーラーバンカーズ）

ています。

英国のトップ50の「ビジネス・イノベーター」のひとつとしてブルームバーグに選ばれ、欧州ユーティリティー・ウィークで「スタートアップ・オブ・ザ・イヤー」を受賞しています。

## ⑥ Solarbankers（ソーラーバンカーズ）、シンガポール

再生可能エネルギーおよびブロックチェーン関連の企業です。ブロックチェーンについては、中国のShellPayと提携しています。

地域マイクログリッドを構築し、発電・送電・配電・交換を分散化することを目指しています。そのマイクログリッドでは、ソーラーバンカーズの高効率の太陽光パネルを導入

しています。地域マイクログリッドを通じて接続することによって、発電および送電のグリーン化、効率化を図ります。

消費者は、自身で電気を生産し、地域市場で隣人に競争力のある価格で余剰電気を販売することが可能です。機器の所有者は、余分な収入源を得ることになり、送電コストを削減することで受動的な消費者は、より安価な電気を提供されます。

取引は、ShellPayが提供する改良型のブロックチェーン・プラットフォームを基にして、オンライン契約によって管理します。エネルギー取引の決済には、独自の仮想通貨「SunCoin」を用います。また資金調達のため、２０１７年11月にＩＣＯを実施しています。

## ⑦ Daisee（ダイシー）、フランス

太陽光発電による電力のピアツーピア取引のためのエコシステム構築に向けた取り組みです。ＭＹＮＥとCellabzが共同で企画しました。ダイシーは、柔軟性があり、分散化され、安全で信頼できるエネルギーインフラストラクチャを備えた、「Internets of Energy（エネルギーのインターネット）」の実現を目標としています。

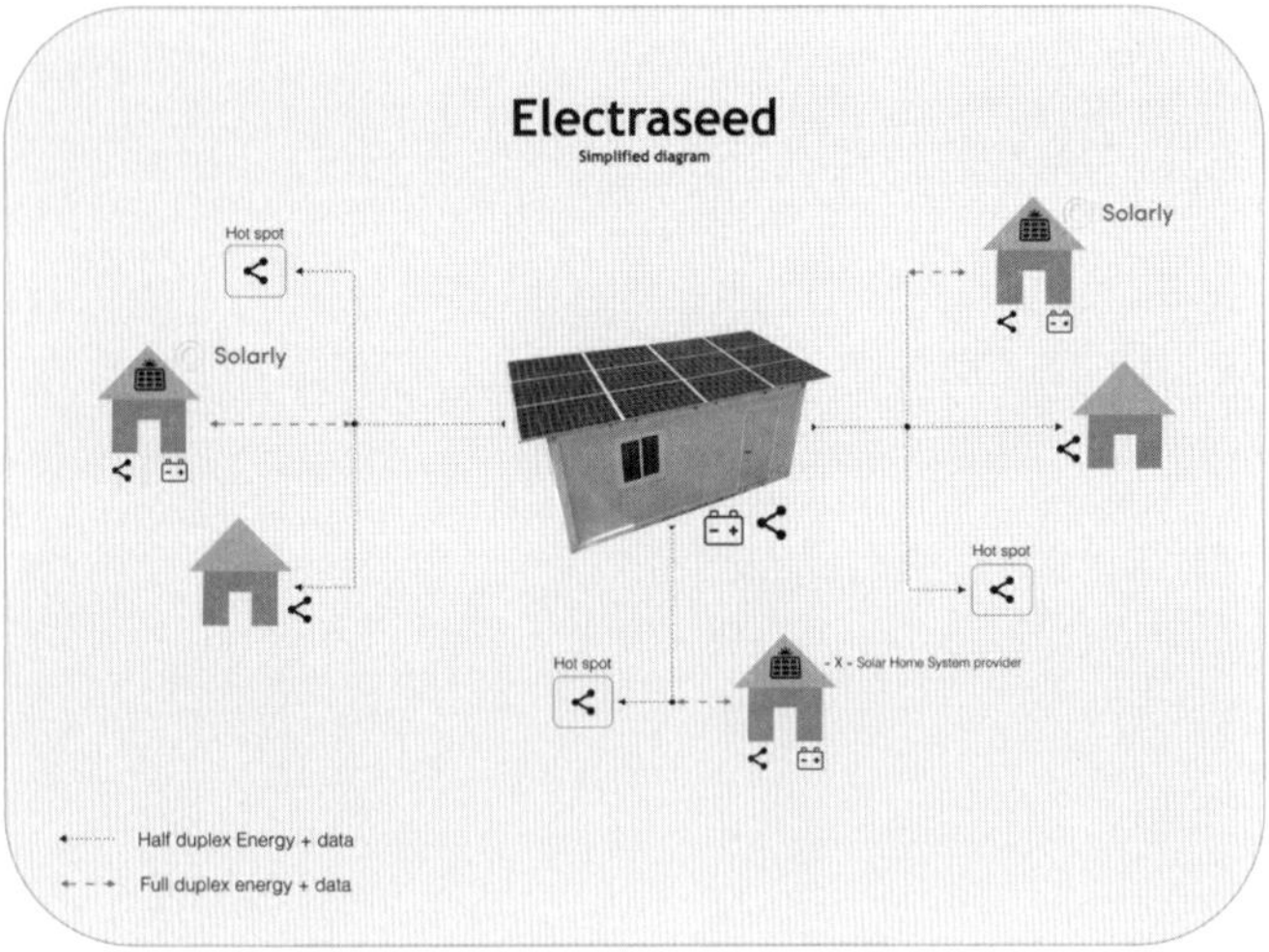


出典：ElectraSeed（エレクトラシード）

**⑧ Oneup（ワンアップ）、オランダ**

２０１４年に創業され、大企業向けにテクノロジーベンチャーの立ち上げを行っています。ブロックチェーンのほか、ＩｏＴやビッグデータ、チャットボットなどの技術を扱い、10世帯での電力個人間取引の実証実験を実施中です。

**⑨ ElectraSeed（エレクトラシード）、アンドラ公国**

ElectriCChainが支援するコンソーシアムです。The Solarcoin Foundation、ElectriCChain、Solcrypto、Freelio、Smappee、Gridsingularityなどが参加しています。

発展途上国の電力インフラが整ってい

ない地域における、太陽光パネルを使用したマイクログリッドの導入を目指しています。試験から展開までを24～30カ月で行うことを目標に掲げています。電気の取引は、各設備をブロックチェーンで接続することで実現します。２０１７年５月、アフリカの国々において１００台を試験的に設置し、２０１８年には10万台を展開することを目指しています。

### ⑩Powerpeers（パワーピアーズ）、オランダ

２０１６年に大手電力会社バッテンフォールの子会社として設立されました。顧客が発電したエネルギーを販売する相手や、購入する相手を選ぶことができるサービスを展開しています。友人や家族、隣人からの電力を購入することができるだけでなく、風力発電や太陽光発電、水力発電などを選択し、電力会社から購入することも可能です。顧客は、パワーピアーズのホームページで電気の取引状況を確認することができます。

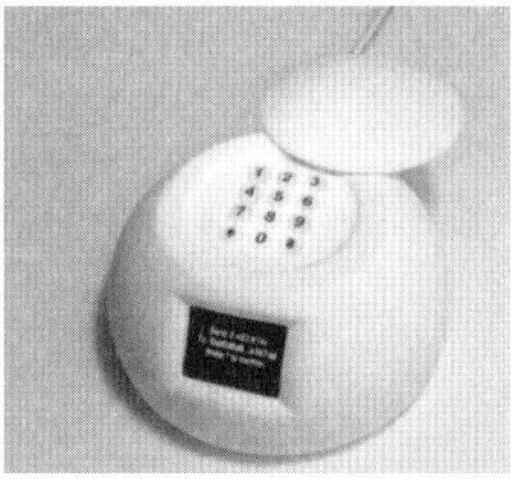

出典：grid+（グリッドプラス）

## 消費者とエネルギー市場の直接取引：２社

### ①ConsenSys（コンセンシス）、米国

２０１４年に創業されたブロックチェーン関連のベンチャー企業です。２０１７年５月、イーサリアムを活用した分散型電力システム「ＧＲＩＤ＋」を発表しました。リアルタイム決済と電力使用の最適化を実現しています。

### ②grid+（グリッドプラス）、米国

コンセンシスがニューヨークに立ち上げたブロックチェーン関連のベンチャー企業です。イーサリアムの共同設立者であり、コンセンシスの創始者であるJoseph Lubin氏がアドバイザーです。２０１７年にＩＣＯで40億円調達しました。

消費者が電力卸売市場から直接電気を購入できる製品および仕組みである「ＧＲＩＤ＋」を開発しています。「ＧＲＩＤ＋」

は、イーサリアムブロックチェーンのプラットフォームにアクセスし、電気の使用時間帯を事前に通知しておくと、電気が最も安い時間帯を予測して購入してくれます。支払いは15分ごとに、自動的に「ＧＲＩＤ」という独自の仮想通貨を使って行われます。

グリッドプラスは、２０１９年から世界中の電力会社に、この技術のライセンス供与を開始し、公益事業パートナーシップを発表する準備を進めています。

コラム

# ブロックチェーンを使った電力ビジネスとは

大串康彦（おおぐし・やすひこ）　株式会社エポカ　代表取締役社長

株式会社荏原製作所で環境プラントの技術部門を経て、燃料電池発電システムの開発を担当。その後、カナダに渡り、電力会社 BC Hydro でスマートグリッドの事業企画を担当。2013年に帰国し、日本の外資系企業で燃料電池・系統用蓄電池などエネルギー技術の事業開発に携わる。現在は、ブロックチェーンのエネルギー分野での応用に注力。

## ブロックチェーンとは

読者の皆さんも「ブロックチェーン」という言葉は聞いたことがあると思います。これを調べた方や勉強された方などは、非常にわかりにくい技術という印象を持たれたかもしれません（私自身がそうだったため……）。

ブロックチェーン技術とは、元来は仮想通貨ビットコインを実現するためのコア（中核）技術でした。ある情報が、あるユーザーによって登録された、または、ある取引が、あるユーザーによって行われたという情報の真正性を中央管理者なしに担保し、証明可能にすることがブロックチェーン技術の肝の部分です。これによって、中央管理者を介さず、「自分が持っているお金を、いつでも自分の好きに送金することを誰にも止めさせない」システムであるビットコインが運用されるに至りました。

ブロックチェーンの定義や特徴にはコンセンサスがなく、おそらく10人のブロックチェーンの専門家がいれば、10通りの世界観を反映したまとめ方があるでしょう。ここでは、ブロックチェーンでできることを図1のように階層状にまとめています。基盤の要素は、「正当性の保証」、「存在の証明」であり、これに「唯一性の合意」、「ルールの記述」が加わります。下2段の「正当性の保証」、「存在の証明」の部分を言い換えると、「内容も存在も否定できない記録を保持し、その確かさを誰もが確認することができる」ということになります。「唯一性の合意」は、下2段を補強する機能です。通貨の送金・価値の移転などは、この基盤の上にあるアプリケーション的な機能であり、図1では、「ルールの記述」として表現され、正当性の保証や存在の証明ができて初めて実現可能であるという考え方です。

これをエネルギー（特に電力）分野で応用しようとすると何ができるでしょうか？

図1　ブロックチェーンの機能

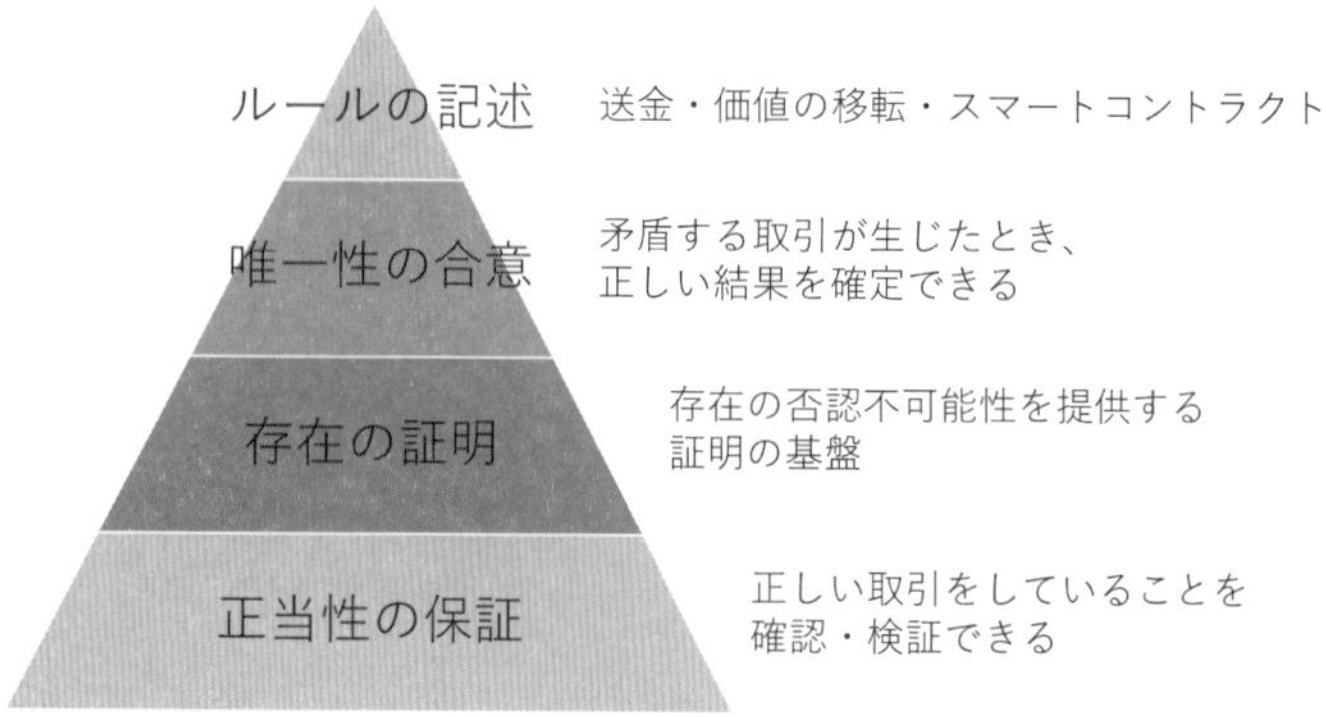
ルールの記述
送金・価値の移転・スマートコントラクト
唯一性の合意
矛盾する取引が生じたとき、
正しい結果を確定できる
存在の証明
存在の否認不可能性を提供する
証明の基盤
正当性の保証
正しい取引をしていることを
確認・検証できる

出典：株式会社ブロックチェーンハブ、2017年11月10日開催セミナー「ブロックチェーン概論」資料を基に筆者作成

まずは、ブロックチェーンの基本機能を活かした改ざん不可能な情報基盤が考えられます。例えば、顧客IDや日時、発電量、消費量、節電量などを記録します。入力情報が正しいという前提では、これらの情報は改ざん・不正することができないため、取引の元データとして使ったり、証書化・トークン化させて価値を流通させたり、機器やシステムの制御のための元データとして使用することができます（註：ブロックチェーンが計量法に準拠した計器を置き換えるわけではありません。計測器は依然《いぜん》として必要で、記録保存の部分にブロックチェーンを使います）。

例えば、蓄電池の使用履歴情報をブ

ロックチェーンに記録することで、その状態を正確に把握し、中古売買するときの値付けに使用するといったことが考えられます。また、蓄電池を系統の調整力として使用する場合、ブロックチェーンに記録された充放電記録を基に報酬を計算するといったことも考えられます。

株式会社エナリスは、会津大学発のベンチャー企業である株式会社会津ラボが開発したスマートプラグ（コンセント型スマートメーター）を使ってデマンドレスポンスの実証実験を行うことを発表していますが、節電要請信号の内容や実際の消費電力をブロックチェーンに記録し、のちに検証可能とすることが予測されます。

## 世界中で始まった電力取引プラットフォームの開発

ブロックチェーン技術の応用は、金融はもとより、医療や公共、ＩｏＴなど金融外の領域にも広がりを見せており、エネルギー（特に電力）分野でもブロックチェーンを使おうという動きがあります。特に２０１７年になってから、世界中でブロックチェーンを使ったエネルギー分野のプロジェクトが加速しているように感じます。その多くは需要家間電力取引プラットフォームです。２０１７年12月現在に発表されている主なプロジェクトを表１にまとめます。

表1　需要家同士の電力融通・電力取引を手がける企業やプロジェクトの例

| | |
|---|---|
| LO3 Energy（米国） | 分散型エネルギーアプリケーションTransActive Gridプラットフォームを開発。太陽光で発電した価値を地域で融通するBrooklyn Microgridプロジェクトを実施。 |
| Power Ledger（豪州） | 需要家が投資した太陽光や蓄電池の価値を最大化するための電力取引プラットフォームを開発。リアルタイム決済を伴う需要家同士のピアツーピア（peer to peer：中央管理者を通さず直接）取引をサポート。 |
| Grid+（米国） | トランザクティブエネルギー（市場メカニズムを基に系統を運用する、提唱されている方式）の実現に向けた課題を、ブロックチェーン技術を使い解決。 |
| Conjoure（ドイツ） | 電力会社ＲＷＥの子会社Innogy（ドイツ）および東京電力ホールディングス株式会社が出資。電力直接取引（ピアツーピア）プラットフォーム事業を開始。 |
| 東京大学など（日本） | 電力融通決済システムを開発中。浦和みそのプロジェクト（埼玉県）で実証予定。 |
| Greeneum（スイス） | 電力取引プラットフォーム。ＡＩ＋ブロックチェーン、予測技術による需給管理。 |
| その他、ブロックチェーンを使った電力取引プラットフォームを開発する会社：ＢＴＬ（英国・カナダ）、prosume（スイス）、drift（米国）など。 | |

出典：各社ウェブサイトなど

　需要家間の電力取引が行われる前提としては、太陽光発電が十分に廉価《れんか》となり、固定価格買取制度のような導入支援策もなくなり、太陽光発電で発電した余剰電力を電力会社に買い取ってもらうのではなく、その地域内に融通することが意味を持つようになるということです。太陽光発電以外に、蓄電池やデマンドレスポンスも使って地域電力融通が行われるかもしれません。

　現状の法制度では、他の需要家に電気を販売するときには小売り電気事業者の登録が必要であり、需要家間電力取引は可能ではありません。また、現在の託送料金制度は、中央集中型電源を前提としており、数メートル離れた隣家に電気を融通するために、数百キロ離れた発電所から送配電するときと同じ託送料金を払う仕組みになっているため、同一地域内での電力融通が経済的には有利になりません。

しかしながら、まだ法整備も整っておらず、社会的にコンセンサスが得られていない事業に対し、これだけ多くの企業が技術開発に着手したということは、驚くべきことではないでしょうか。

## ブロックチェーンを使うと何がよいのか

仮に法制度や託送料金が整い、需要家間の電力取引が経済的にも意味を持つようになったとき、なぜ、ブロックチェーンで需要間の電力取引を行うのがよいかという疑問が生まれます。まだブロックチェーンをベースにした商用の取引プラットフォームというのは世界のどこにもないため、一部仮説を含みますが、次のような主なメリットがあると考えます。

計測器そのものがハックされない限り、発電量や電力消費量の情報は不正・改ざんできず、正確な取引が実現できます。

既存の中央管理型システムを介することなく、取引決済を行う仕組みを構築することができます。

中央管理型で行うよりも取引を効率的に行えるという主張があります。

取引にかかるコストを削減できるという主張があります。

一方、前述の法制度や託送料金以外にも主に次のような課題があると考えます。これらは、私のブログ記事（https://medium.com/future-energy）で詳細に説明してありますので、ご興味のある読者の皆さんは、ぜひ参考にしてみてください。

従来の中央集中型のインフラは、すぐ不要になるわけではないので、ブロックチェーンを使った取引システムは追加投資となり、その投資効果が問われています。

ある需要家について、すべての取引が需要家間で行われるわけではなく、従来どおり小売り電気事業者との取引も残り、取引システムは二本立てとなります。そのため、ブロックチェーンを使った取引システムと、従来の中央管理的取引システムの連携が必要となります。

ブロックチェーンの特徴として、取引と決済の間の時間を大幅に短縮できます。例えば、海外送金であれば、今まで数日かかっていた送金手続と着金の間の時間、証券取

図2　従来とブロックチェーンを使用した取引のプロセス

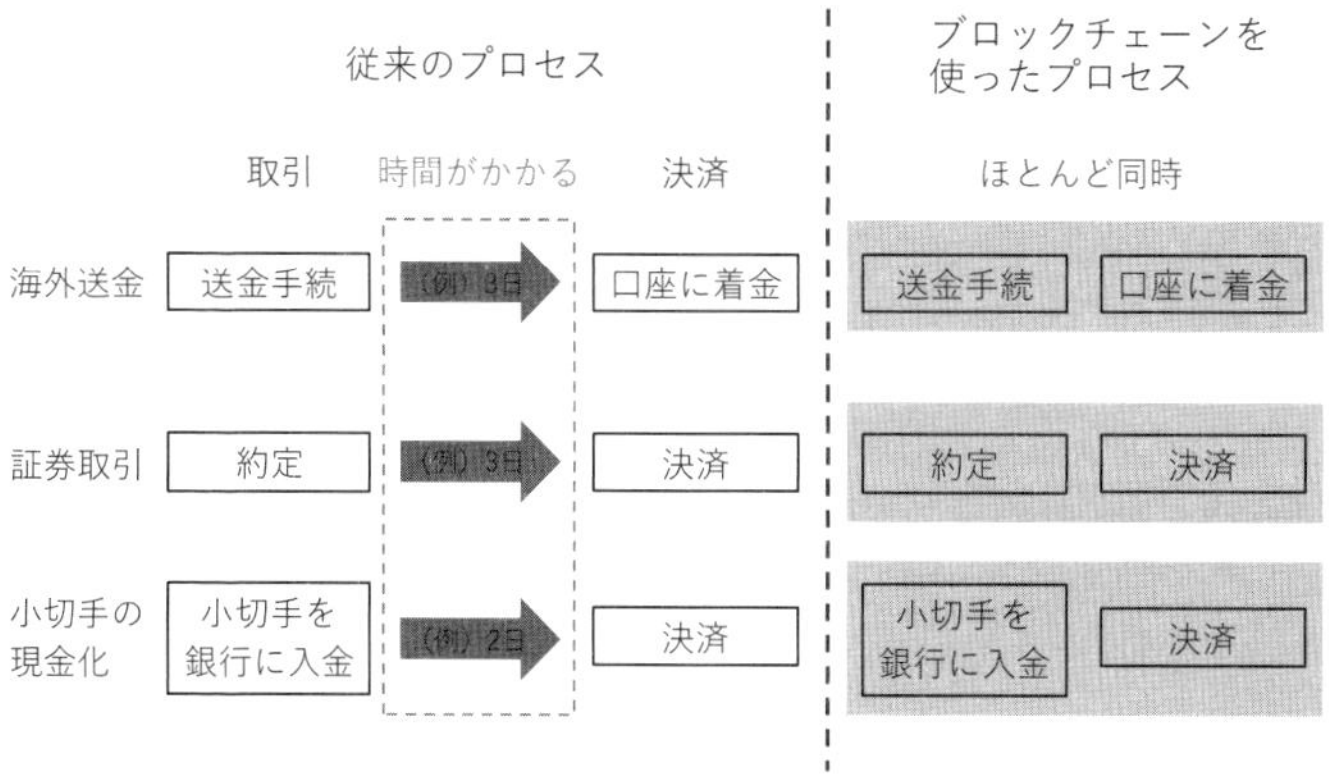


引であれば、同様に今まで数日かかっていた約定と決済の間の時間を大幅に短縮できます（図2）。電気の課金請求は、日本の場合、通常月単位であり、電力取引では取引ごとの決済というのは、需要家にとってメリットがないかもしれません。電力取引で、このメリットを活かす仕組みづくりが課題です。

## まだ実証されていないブロックチェーンの真価

２０１８年現在では、エネルギー（特に電力）分野でのブロックチェーン技術の有用性はまだ実証されていない状態だと思います。世界中で行われている実証実験にもかかわらず、エネルギーの分野

図３　従来とブロックチェーンを使用した取引のプロセス

では、ブロックチェーン技術はたいして役に立たないものという評価を残すかもしれませんし、誰かがキラーアプリケーションを開発し、革新的サービスが生まれるかもしれません。

私のひとつの意見を述べますと、ブロックチェーンベースの決済通貨を電力システムの中で導入する場合、電力の世界のみのシステムだけでなく、外の世界とつなげることができれば、ブロックチェーンの価値は、高まるのではないかと考えています。

仮想通貨を例に挙げ、円をビットコインなどの仮想通貨に換えて送金し、送金先の相手が仮想通貨をドルに替える場合の例を図３に示します。

せっかくブロックチェーンを使った取引の部分は遅延もなく、手数料も低く行うことができますが、送金・決済通貨と法定通貨の換金が従来の方式（銀行振替など）であり、時間がかかり、往復の手数料（円から仮想通貨、仮想通貨からドル）もかかります。送金決済通貨を別の通貨に換金することなく、そのまま使用できたらユーザーの利便性が増し、ブロックチェーンを使用する価値は高くなるのではないでしょうか。送金専用や決済専用の仮想通貨にいちいち両替せず、普段使える通貨を送金して、そのまま使えるようになるということです（ビットコインは、従来の通貨に替わることが期待されていましたが、２０１８年5月現在、手数料が高騰《こうとう》しており、また支払い手段としても使える場所が限られ、まだこのような汎用《はんよう》性のあるデジタル通貨とは言い難《がた》い状況です）。

電力の応用でも同様で、電力システムの中で使用される決済通貨が、外の世界とスムーズに結びついて電力システムの中で使われる価値が広く使われるようになる、また、外の世界で流通している価値が電力システムの中でスムーズに使われるようになれば、ブロックチェーンを使う意義は高まるのではないでしょうか。この媒体としての通貨は、電力の世界から生まれるかもしれませんし、デジタル円のような汎用的な通貨が電力の世界の外で生まれ、電力の世界に入ってくるかもしれません。私も、ユーザーの利便性を向上させ、電力の世界から新しい価値を創出・流通できるアプリケーションを検討しています。未来の電力ビジネスにご興味のある読者の皆さんは、ご一緒に考えていただければ嬉しく思います。

# 第７章

# 日本から世界へ
# 果敢に挑戦する企業

P2P電力取引プラットフォーム事業の概要図

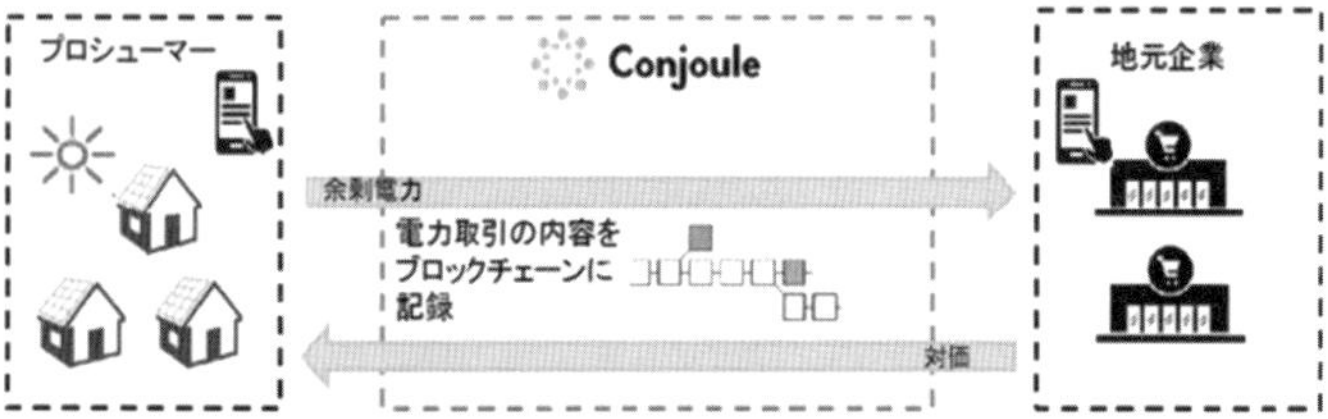


出典：東京電力ホールディングス

日本のエネルギー分野でのブロックチェーンの活用は、2016年ごろから徐々に進められています。本章では、国内における事例を大手電力会社での取り組みと、新規参入の電力会社を含めたベンチャー企業での取り組みの大きく2つに分けて紹介します。

## 大手電力会社での取り組み

東京電力ホールディングスは、国内でも積極的にブロックチェーンに関する取り組みを進めている企業のひとつです。

例えば、第5章の事例で紹介したドイツ大手電力会社イノジーと共同でブロックチェーンを活用した電力直接取引プラットフォーム事業の研究を進めています。イノジーは、事業を推進するため「Conjoule（コンジュール）」を設立しました。東京電力ホールディングスは、300万ユーロ（約3・6億

○集合住宅におけるＥＶ(ＰＨＶ)充電管理イメージ

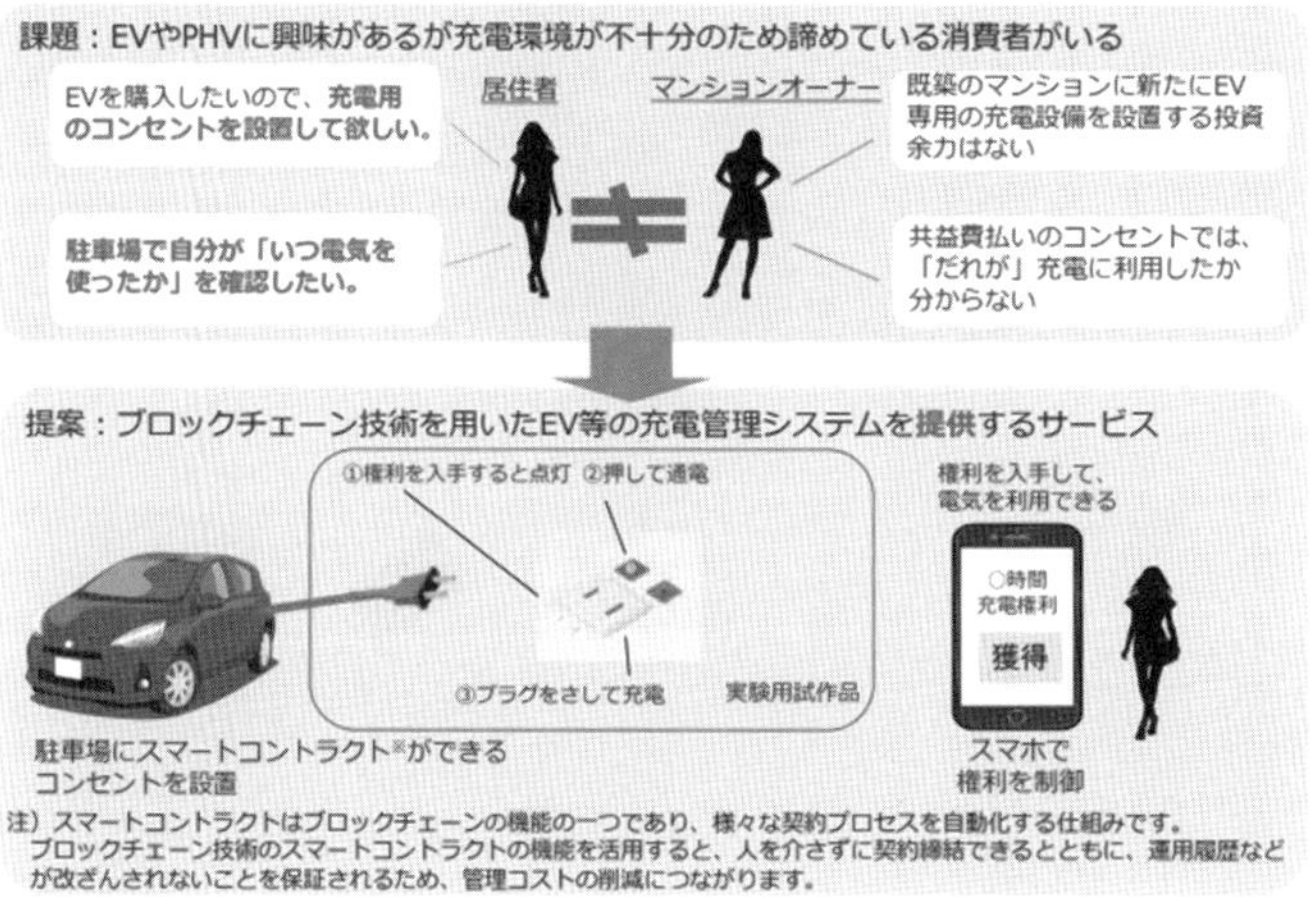


出典：中部電力

円）を出資し、コンジュールの30％の株式を保有しています。

それ以外にも、海外事例で紹介した英国のエレクトロンへの出資やＥＷＦにも参加するなど、ブロックチェーンの活用だけでなく、投資にも非常に積極的です。

中部電力は、ブロックチェーンを活用した電子決済アプリの開発を行っています。２０１７年12月から本店内で社員約30人を対象に、自社内で利用できる独自の仮想通貨を発行しました。社内で購入したコーヒー代金の電子決済や利用者間の通貨交換を行っています。

電子決済アプリ内で利用する仮想通貨の名前は「カフェエネコイン」と呼びます。１コイン＝１円に換算し、コーヒーの購入代金に充てることができます。代金の電子決済方法は、指定のQRコード（二次元コード）を読み取るか、支払先のアドレスを直接入力するかの2パターンから選択します。利用者間のコイン交換は、相手先を選んでコイン額を入力することで瞬時に送金することができます。

将来的には、この実証実験で得られた知見や技術を応用し、余剰電力を個人間で売買できる電力取引システムの構築を目指しています。

その他にEVの充電履歴をブロックチェーンに記録する実証実験も開始しました。ブロックチェーン対応の充電用コンセントとスマートフォンアプリをインターネットでつなぎ、「いつ」、「誰が」充電したのかなどの充電履歴を記録します。導入コストを抑えつつ、信頼性の高い充電管理システムを運用することが可能になれば、集合住宅のオーナーがEVなどの充電設備を導入し、居住者が利用に応じて費用を負担する仕組みの普及などの可能性が広がります。

## 新規参入電力会社やベンチャー企業での取り組み

ソフトバンクや楽天など、通信の自由化で大きく成長した企業もエネルギーとブロックチェーンを絡めた取り組みを始めています。

ソフトバンクのグループ会社ＳＢエナジーは、大規模ＶＰＰ（バーチャル・パワー・プラント：仮想発電所）構築実証事業を九州エリアで行っています。ＶＰＰとは、小さな電源を束ねて、あたかも１つの大きな発電所のように電力を制御する技術です。

ＳＢエナジーは、契約した数百の家庭に約１０００台の蓄電池を設置します。太陽光発電が予想よりも多く発電して電力網に負荷を与えてしまう場合や、逆に電力が足りない場合を想定し、電力の需給バランスを取るために遠隔から設置した蓄電池を制御します。開発した遠隔制御装置の相互監視や蓄電池への充電・放電の記録管理にブロックチェーンを活用しています。

楽天は、日本で初めて「Ｊ－クレジット」取引システムにブロックチェーンを組み込みました。Ｊ－クレジットは、日本政府による「環境価値」の認証制度です。温室効果ガスの排出削減量や吸収量をクレジットとして国が認証し、クレジットは売却・購入が可能で

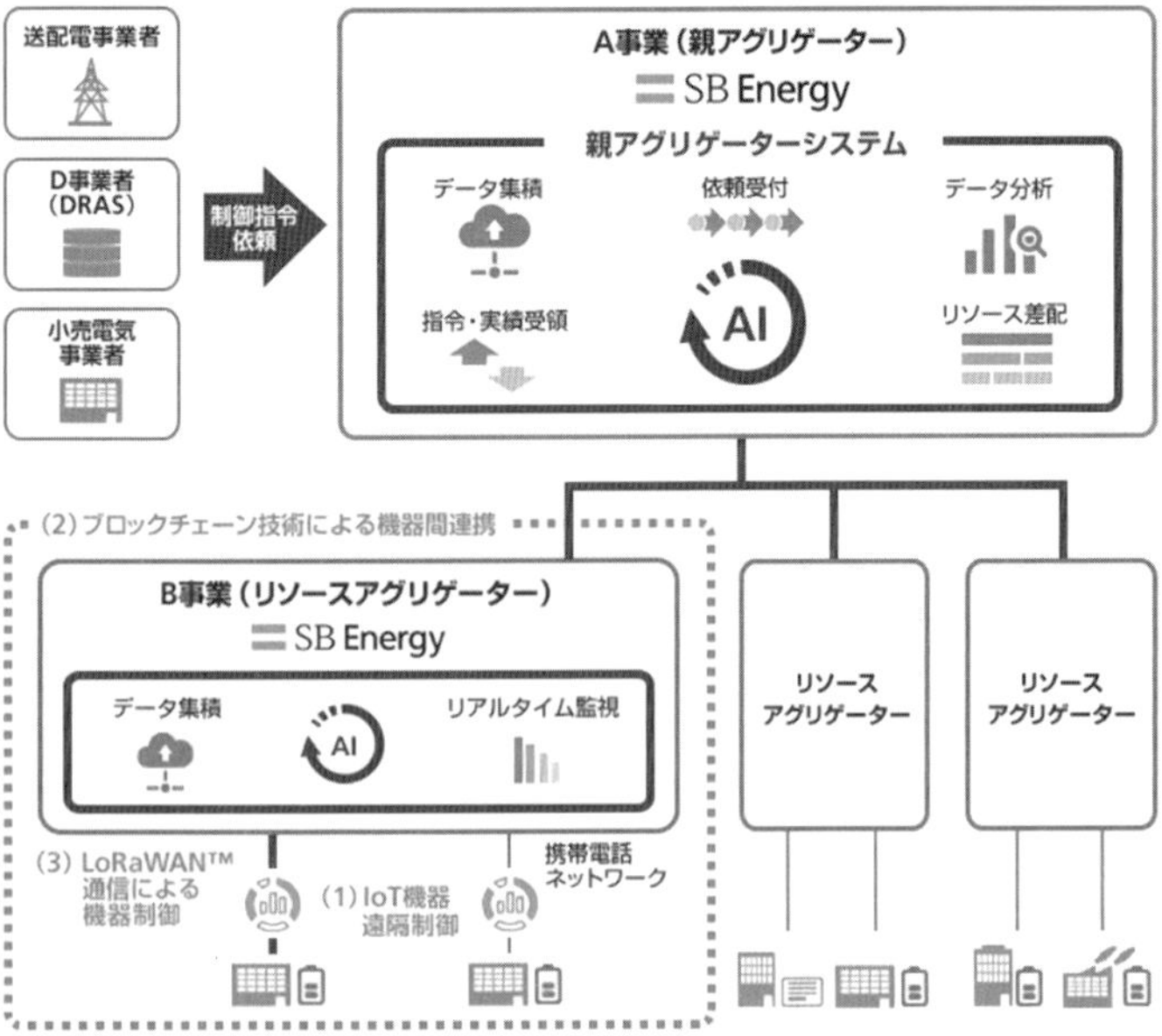


出典：SBエナジー

す。低炭素社会実行計画の目標達成やカーボン・オフセットなどの用途に活用できます。

Ｊ-クレジットを購入する側のメリットとしては、再生可能エネルギー由来の電力調達や$CO_2$排出係数低減の実現が挙げられます。売却する側にとっては、クレジットの売却益により設備投資の一部を補うことができます。

ブロックチェーンの取引システムは、「Rets（Rakuten Energy Trading System）」と名づけられました。このシステムを経由してＪ-クレジットの取

出典：楽天

引をする場合、従来の入札形式や取引に比べ、J-クレジットの価格と取引数量を容易に把握することができます。

REtsは、J-クレジットだけではなく、ネガワット取引システムも提供しています。ネガワット取引とは、電力需要ピーク時に電力需要家が電力会社の要請に応じ、使用電力を削減してピークカットを実現する取り組みです。節電や遊休自家発電装置の稼働によってピーク需要カットを実現した各需要家には、削減量に応じた報酬が電力会社から支払われます。

楽天は、環境価値市場に着目しています。将来的には、REtsをJ-クレジットだけではなく、環境価値を扱う他のシステムと相互利用することで、ビジネスチャンスを広げていく狙いがあります。

ベンチャー企業では、「エナリス」や「デジタルグリッド」、「みんな電力」などが取り組みを進めています。書籍では、ブロックチェーンに関する先進的な取り組みを行っている「エナリス」と「デジタルグリッド」へのインタビューを紹介します。

コラム

# 注目が集まるデジタル技術の活用、エナリスが進める電力×デジタルの取り組み

株式会社エナリス　執行役員　経営戦略本部長

南　昇（みなみ・のぼる）

大阪大学工学部電子工学科卒業。２００４年に株式会社パワードコム（現ＫＤＤＩ株式会社）セキュリティ商品企画部にて同社初の法人セキュリティビジネス立上げ後、同ソリューション商品企画部にて同社初の法人クラウドサービスの立上げに従事。２０１０年より株式会社ワイヤ・アンド・ワイヤレス副社長に就任。また、２０１７年１月より株式会社エナリス経営戦略本部長に就任、現職。

株式会社エナリス　経営戦略本部　経営企画部長

盛次　隆宏（もりつぐ・たかひろ）

九州大学工学部機械航空工学科卒業後、三菱重工業株式会

社にて国内・外の原子力発電所内の一次系機器の開発、設計部門に所属。2013年1月より株式会社エナリスにて、再生可能エネルギー発電所の開発や新電力事業の立上げ、運用管理を経験し、2017年5月より経営企画部長に就任。日々、電力の未来に思いを馳《は》せる。

2017年10月インタビュー取材時点

## 仮想通貨の基盤技術であるブロックチェーンを電力に応用

現在、会津ラボと当社（エナリス）は、福島県が実施する「再生可能エネルギー関連技術実証研究支援事業」に採択され、「ブロックチェーンを活用した電力取引サービス」の共同検証を進めています。

この「ブロックチェーンを活用した電力取引サービス」は、ブロックチェーンが本当に使えるか確かめることを目的として進められています。ブロックチェーン上に電力データを書き込み、それを使って実験的に2つのサービスを展開することで、ブロックチェーンの活用可能性を確認します。

電力データは、スマートプラグを経由してブロックチェーン上に書き込みます。スマートプラグは、会津ラボの技術による製品であり、コンセントに接続した電気機器の消費電力量を計測するコンセント型スマートメーターです。スマートプラグをWi-Fiと接続することで、電力データをブロックチェーン上に書き込むことが可能となります。

図１　「見守りサービス」（ポットと連動）

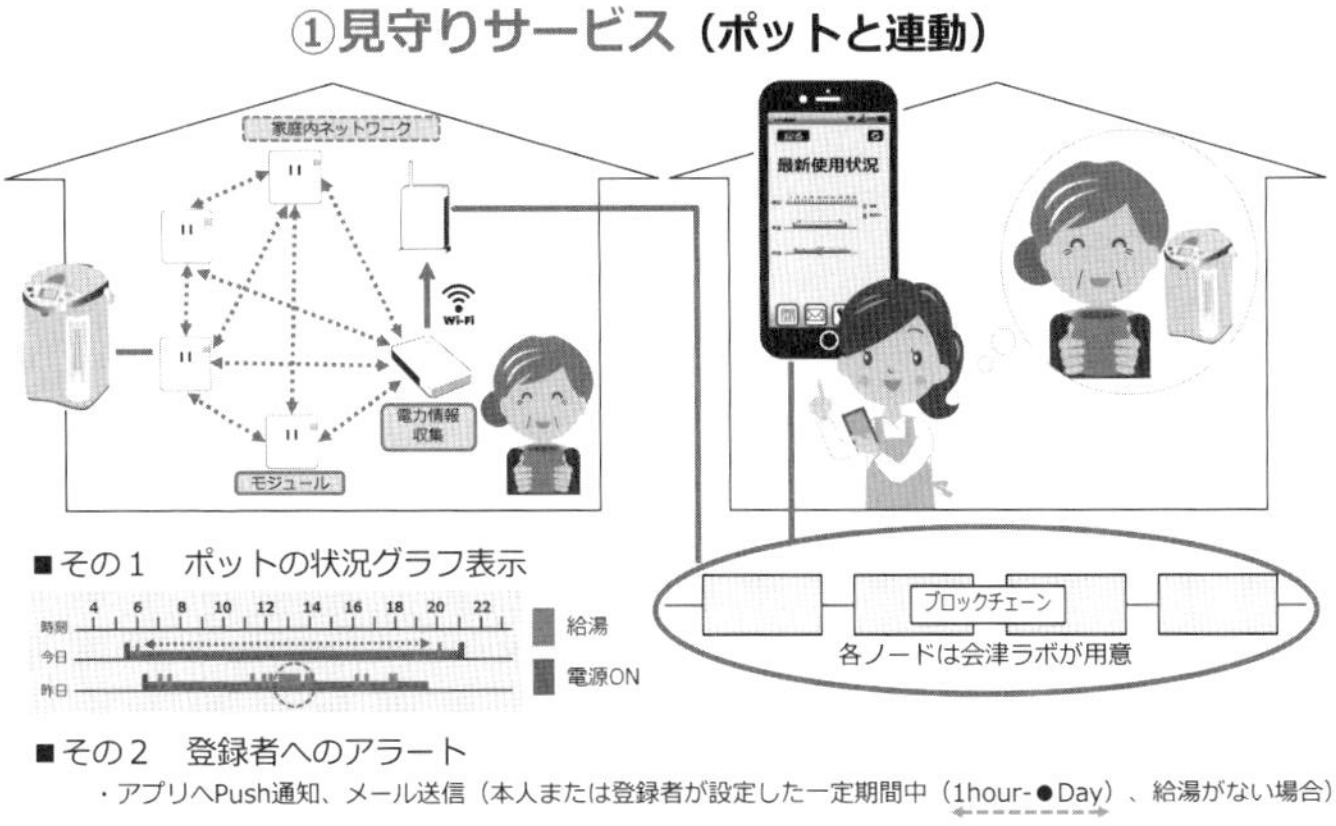


　ブロックチェーン上のベースとなる開発自体は、会津ラボが担当します。当社は、ブロックチェーン上に書き込まれたデータを読み込み、処理します。その処理したデータは、アプリやサービスという形で顧客に提供します。

　前述のスマートプラグは、５００〜１０００世帯に配付し、そこからサービスを提供していくことを予定しています。１家庭あたり３〜５個のスマートプラグを配付します。

## 実証実験で実施されるサービス①
## 「見守りサービス」

　ブロックチェーンを活用した実証実験として、まず１つ目のサービスに「見守りサービス」があります。このサービスは、一般家庭で使われている電気ポットの電力利用データを監視するものです。

電気ポットが使われているときと、使われていないときのパターンを収集することで、普段と異なる電気利用となった場合を判断できるようになります。例えば、一人暮らしの高齢者の家庭で急に電気が使われなくなった場合には、何らかの異常が発生したと判断し、家族に通知することが可能となります（図1）。

ポットのデータは、スマートプラグで収集し、ブロックチェーンに書き込まれます。書き込まれたデータをシステムが参照し、家族の安全を判断することが「見守りサービス」の枠組みとなります。

## 実証実験で実施されるサービス②「快適暮らしサポート」

2つ目のサービスとして、「快適暮らしサポート」があります。このサービスは、スマートプラグ自体に付いている赤外線リモコンを通して、外部からエアコンのオン・オフや温度の上げ・下げができるようになります（図2）。

当社は、このサービスで得た知見を利用することで、最終的には、温度の上げ・下げをDR（デマンドレスポンス：電気の需要量を賢く制御することにより、電力の需要と

図2　快適暮らしサポート(1.エアコン制御、2.温湿度センサー)

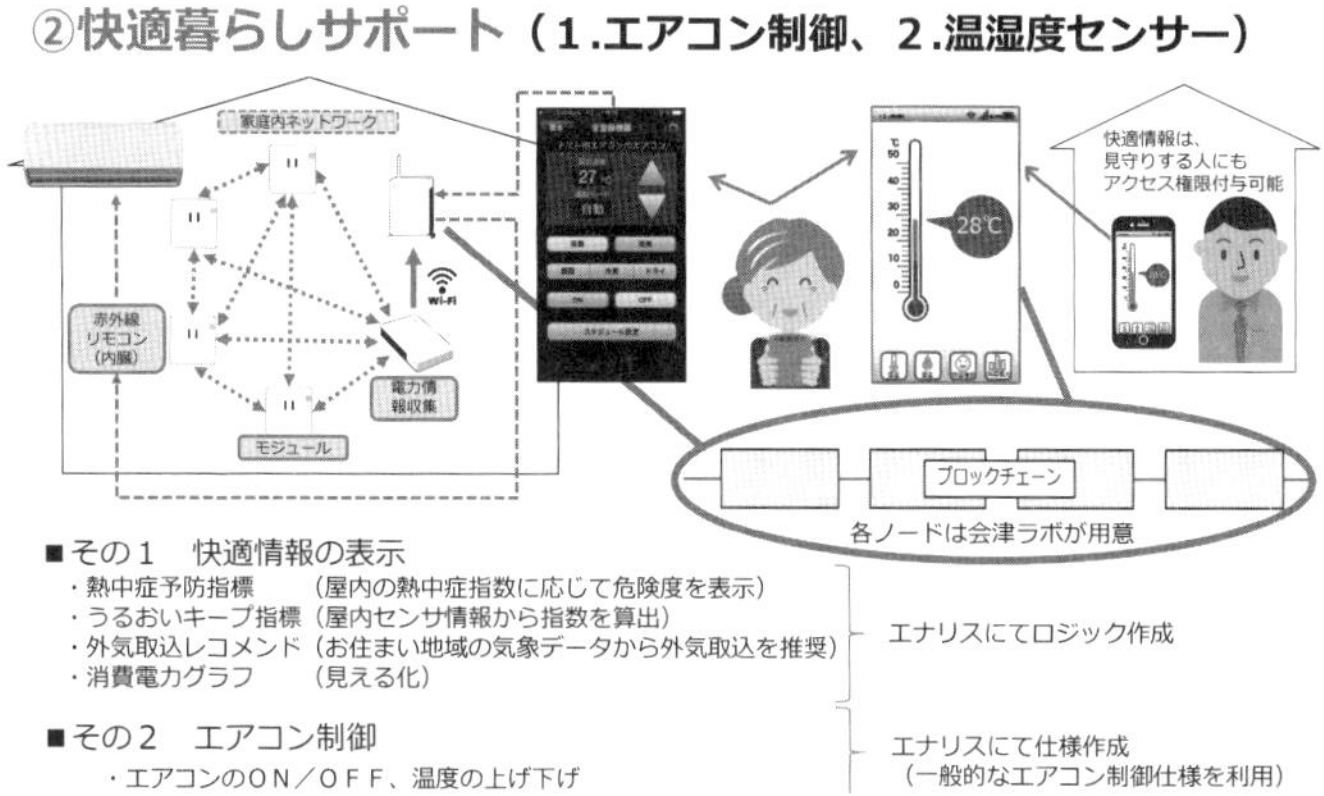
②快適暮らしサポート（1.エアコン制御、2.温湿度センサー）
家庭内ネットワーク
赤外線リモコン（内臓）
電力情報収集
モジュール
Wi-Fi
快適情報は、見守りする人にもアクセス権限付与可能
28℃
ブロックチェーン
各ノードは会津ラボが用意
■その１　快適情報の表示
・熱中症予防指標　（屋内の熱中症指数に応じて危険度を表示）
・うるおいキープ指標（屋内センサ情報から指数を算出）
・外気取込レコメンド（お住まい地域の気象データから外気取込を推奨）
・消費電力グラフ　（見える化）
エナリスにてロジック作成
■その２　エアコン制御
・エアコンのＯＮ／ＯＦＦ、温度の上げ下げ
エナリスにて仕様作成
（一般的なエアコン制御仕様を利用）

供給のバランスをとる仕組み。例えば、エアコンを多く使う夏の昼間など、需要のピークが発生しそうなタイミングで、需要量を抑制する対策を取ることはデマンドレスポンスの一種といえる。ピーク需要のために用意していた発電機の建設コストや、維持管理コストを削減できるメリットがある）上で指示できるような仕組みの構築を目指しています。そのとき、「快適暮らしサポート」は、ＤＲ上で利用するための補助的な役割を担うこととなります。

## ブロックチェーンと親和性の高いデマンドレスポンス

実証実験で行われる「見守りサービ

ス」や「快適暮らしサポート」に類似したサービスについては、すでにいくつかの新電力事業者などがサービスとして展開しています。ただし、現状のところ、そこにブロックチェーンの技術は介在していません。

今回の実証実験では、これまでと異なり、サービスにブロックチェーンが組み込まれますが、従来のサービスと基本機能の面で差異は生まれません。

実証実験を進める意義に、ブロックチェーンの活用可能性を模索するというものが挙げられます。会津ラボと当社による事業も、あくまで実験的にブロックチェーン上に、どうやって電力情報を書き込むのかというところに着眼が置かれています。その実験から得られた知見を基に、新たな価値あるサービスを生み出していきたいと考えています。

現在、ブロックチェーンと親和性の高いサービスと見ているのがDRとの連携です。そもそも今回の実証実験は、再生可能エネルギーの普及がテーマになっており、ブロックチェーンを使ってDRするというスキームで採択されています。

DRの発令は、模擬のDRで進めることを検討しています（図3）。例えば、ブロックチェーン上に書き込まれたエアコンの電力データを監視しておき、DRを模擬で発動させたときに、エアコン上でどれくらい節電できるかということを検証します。

エアコン使用者は、あらかじめオン・オフの切り替え可否や、快適な温度といった情

図３　模擬ＤＲ

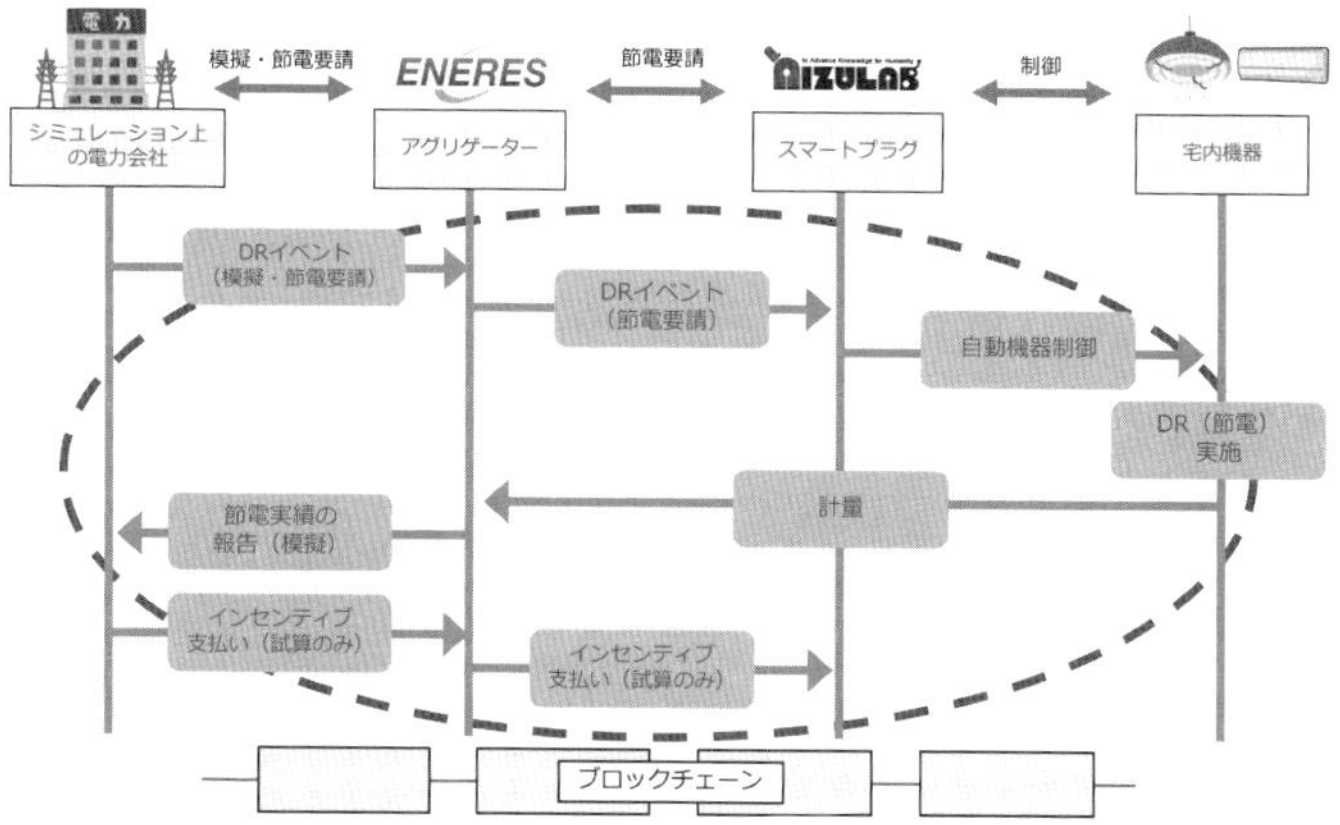


報をアプリなどで入力し、その承諾に基づいてＤＲが実施されます。ＤＲの要請に従って機器制御を行い、その結果とベースラインとの差分を見て、実績に基づいて報酬を支払うというのがＤＲですが、今回は、報酬の支払いまでは行いません。実験的にＤＲ要請を実施することで、どれくらい下げられるのかという量を検証する段階までの予定です。

　ＤＲ上でブロックチェーンが効果的な手段である理由のひとつに、手数料を抑えられることが挙げられます。例えば、ＤＲ上で小さい単位かつ、頻度の多い取引を試みると、振込手数料が嵩《かさ》み、メリットが消費者に還元されないことも考えられますが、そこをブロックチェーンは解決できます。

また、支払いサイクルの面では、電力取引を行った際にかかる入金までの時間も系統に縛られないため、時間を短縮できる可能性があります。DRでは、契約そのもののスピード感が必要であり、そういう側面からもブロックチェーンは適していると考えています。

## 個人間取引のプラットフォームの立ち位置を目指すエナリス

当社では、2017年3月に株主総会があり、そのタイミングで、当期を初年度とする2017年から2019年までの3カ年の中期経営計画を提出しています。その中におけるひとつのキーワードに「分散型エネルギー社会」があります。

分散型エネルギー社会では、各個人あるいは各コミュニティーが小型の発電所を所有することとなります。つまり、電力の消費者（コンシューマー）だけではなく、電力を生み出すことのできるコンシューマー、すなわち「プロシューマー」が遍在する社会になります。

各メーカーや自治体が主体となり、地産地消が進められるなか、最終的には末端の需要家間、つまり個人間で電気の売買が自由にできる社会が訪れると当社は見立てています。

そのときに、電気の売買・融通を個人間で直接行うことは、間に系統が入っていないことになります。これまでの仕組みでは、電力のコスト構造は電力会社が一律に定めており、消費者は決められた枠組みの中で購入するといったものでした。しかし、個々人で電力の融通が可能になると、電気料金の決定権をプロシューマーがある程度持つことが可能となります。

そのような場合、当社のような新電力事業者の立ち位置でシステムを取り持とうしても、系統と取引するための重厚長大なシステムを１社の新電力事業者が持つのか、という話になってきます。仮に、古くから存在する重厚長大なシステムに相対しようとすると、ビジネスとして成立させることが難しくなります。

そのため、制度あるいは世の中のニーズや市場に合ったシステムを新たに構築する必要があります。いろいろなＩＴの進化があるなかで、技術的にどういったものが個人間取引やコミュニティー間取引、事業者間取引にマッチするかを模索したところ、目ぼしい技術としてブロックチェーンに着目しました。そうしたブロックチェーンの特徴は、当社が実証実験に取り組むことのきっかけとなっています。

分散型エネルギー社会というのは、恐らく当社がいなくても、遅い早いは別として、いずれは訪れるかと思います。そのような社会になるだろうという仮説を前提条件に置き、そのなかで当社は、どういう役割を目指すのかというと、取引間のプラットフォームとなることです。

当社のエネルギー市場における立ち位置は、新電力とはいえ小売りだけを担当しているわけではありません。発電・需給マネジメントなど、エネルギー市場の上流から下流まで、すべてのバリューチェーンをビジネスアセットとして持っています。

世の中が変わっていくなかで、これまで培ってきたバリューチェーンすべてにビジネスアセットを持っているという強みを活かし、個人間の取引を管理するプラットフォームの立ち位置を目指します。

当社が実証実験に取り組んだ背景としては、これまで述べてきたように、これからの社会環境が変遷していく予測と、当社がこれまで培ってきたビジネスアセットとポジショニングがあります。

## 実験の知見を活用し、新しい料金プランの付加価値を模索

本プロジェクトは、「分散型エネルギー社会」を見据えたうえでの投資となります。

利益を確保できる展開としては、例えば、新しい料金プランのオプションに、ブロック

チェーンを活用したＤＲを組み込むということを考えています。

　ブロックチェーンを活用し、節電分が料金メリットとなるような設計とすることも可能であると考えています。そのほか、電力の取引を一方通行にせず、多方面へのフルメッシュにすることも実現可能性が出てきます。個々人がエネルギーを自由に扱えることこそが、将来の社会のあるべき姿だと考えており、それを実現したいと願っています。

コラム

# 社会経済原理に基づく電力融通とは？　ブロックチェーンを活用した「デジタルグリッド」が実現する未来

田中　謙司（たなか・けんじ）
東京大学大学院工学系研究科　技術経営戦略学専攻
システム創成学専攻（兼担）特任准教授

東京大学博士（工学）。マッキンゼー・アンド・カンパニー、投資ファンドの日本産業パートナーズを経て、東京大学助教、2012年より同大特任准教授。国土交通省政策参与、日本電気学会D部門技術委員、日本経営システム学会評議員などを歴任。専門分野は、電力流通システム、物流交通システム工学、ビジネス・サービス設計、デジタルグリッドを用いた社会システム・イノベーションの研究。

Q：なぜ、電力取引にブロックチェーンを活用しようと考えたのでしょうか？

ソフトウェアベースで電力を融通する電力ルーターの仕組みについては、これまで阿部力也先生（東京大学大学院工学系研究科技術経営戦略学専攻特任教授で、阿部研究室の代表者。現在はデジタルグリッド株式会社代表取締役会長）と一緒に、「デジタルグリッド」を基盤にデジタルインバーターを活用した研究を進めてきました。それに基づいてピアツーピアでエネルギーを制御するシステムを考えたとき、既存の集中型のシステムで構築すると、費用対効果の面で課題が見えてきました。つまり、机上の空論になって実現性がないため、実社会において意味のない研究成果になると思いました。

研究をどのように発展させようかと模索していたところ、ビットコインを中心にブロックチェーンの技術が急速に発達してきました。そのタイミングで、研究室の学生がブロックチェーンの技術に関心を持ち、自分自身でも調べることにしました。ブロックチェーンは、仮想通貨向けに特化してつくってありますが、汎用的な部分もあり、少し調整すれば電力でも使えると考え、大きな可能性を感じました。

特にビットコインの肝であるセキュリティ面については、電力にも応用が利くと考えました。電力はインフラであるため、セキュリティ面を強固にすることは重要な課題ですが、それを解決する糸口を見つけました。

そこで、阿部先生と一緒に、２０１６年の夏ごろから研究を進め始めました。魅力としては、先ほど申し上げたセキュリティのほか、開発などの初期費用が低コストである面が挙げられます。セキュリティを確保しながら、運営コストを安価に抑えられるといった、その2点に可能性を感じて研究を進めてきました。

研究を進めていく過程で、スマートコントラクトをはじめとしたさまざまなアプリケーションがブロックチェーン上で動くことがわかってきました。この特徴は、IoTとの相性が良く、研究対象として魅力を十分に感じるポテンシャルがあり、現在も研究を進めています。

## Q：どのような仕組みで電力融通を行いますか？

既存の一極集中型のシステムは、音楽で例えるとオーケストラのイメージです。指揮者が全体を管理し、個々は指揮に完全に従うといったものです。

一方で、分散型はモダンジャズ、もしくはハードロックに類似しています。モダンジャズは、基本独立しており、各々が自由に演奏できますが、周りとセッションして助け合える余地を残しています。ハードロックは、個々が完全に独立した集合体となります（図1）。

現在、研究を進めているシステムは、モダンジャズに近い構築となっています。太い葉っぱと細い幹があり、基本的には半独立したものの集合体に融通を加えることで、即

図１　市場メカニズムを用いた協調ネットワーク

Orchestra　全体最適　政府主導
既存系統への接続を制限

→再生可能エネルギー導入に限界

Modern Jazz　市場メカニズムを用いた
社会経済原理の電力融通

Hard Rock　独立したマイクログリッドの集合体
個別最適

出典：ＲＭＩ資料をもとに作成

応することが可能となります。

限られた範囲のエネルギーをマネジメントするシステムは、すでにＨＥＭＳ（ヘムス：Home Energy Management System）やＢＥＭＳ（ベムス：Building Energy Management System）などがあります。しかし、そのデータを外部と連結させる部分には、まだ課題が残っています。

ＶＰＰ（仮想発電所：Virtual Power Plant）が進められていますが、これは電力会社が指令を出して、それをＥＭＳ（エネルギー管理システム：Energy Management System）サイドでコントロールするもので、基本的には時間がかかります。そのような仕組みではなく、末端の個々人のニーズを合わせることで、全体最適に近い動きを可能とする市場メカニズムを入れたいと考えています。

図２　全体システムイメージ図

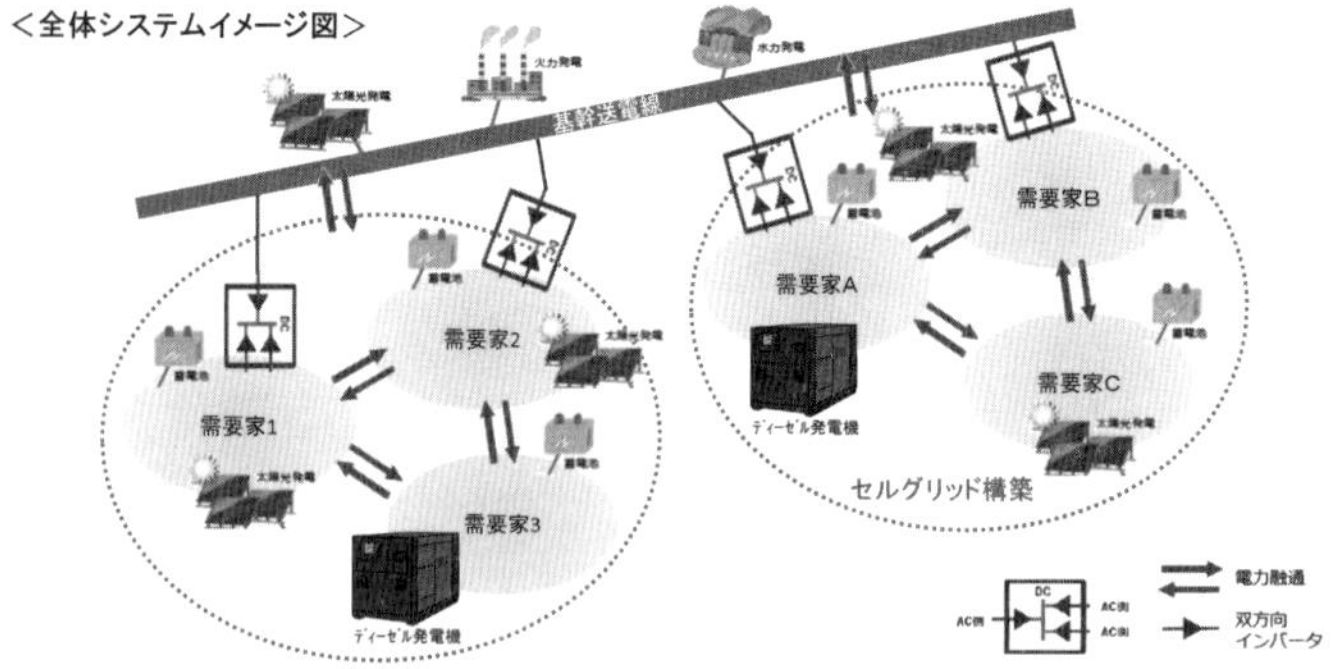


出典：東京大学ＩｏＥ社会連携講座

## Q：システムを運用するためには、どういった機材が必要なのでしょうか？

ブロックチェーンによる電力融通を管理する機器は、ＤＧＣ（デジタル・グリッド・コントローラー）と、ＤＧＲ（デジタル・グリッド・ルーター）を採用しています。

ＤＧＣとは、スマートメーターに電力融通決済システムを搭載したものです。スマートメーターで計測した数値を通信で取得し、ブロックチェーン技術によって決済処理を行うことが可能となります。

ＤＧＲには、電力を「どこから」、「どこ

に」、「どれだけ」、「どの経路で」融通するかを管理する、司令塔の役割があります。また、ＤＧＲの各端子は、ブロックチェーンアドレスを保有し、電力のやり取りを瞬時に記録することが可能です。

ＤＧＣを設置することで、ブロックチェーンによるリアルタイム電力融通決済システムへの参加を可能とします。さらにＤＧＲを設置すると、デジタル上だけではなく、実際の電力融通も可能となるため、例えば、再生可能エネルギー由来の電源の系統への影響を最小限に抑えることもできます（図２）。

## Ｑ：直近では、どういったところから研究を進めていく予定ですか？

ブロックチェーンを活用した電力融通は、３段階に分けて浸透させていきたいと考えています。エントリーの部分は、情報だけをスマートメーターから読み込み、ブロックチェーン技術を使って入札のマッチングをしていきます。直近で進めていくのは、このエントリーの部分です。

第２段階として、ＤＧＲを活用して入札結果を電力制御と連動させます。入札といったデータ上の処理だけではなく、約定結果（売買成立の結果）に基づき、実際に電力制御を行います。

図3　導入エントリーモデルから自営線活用モデルまで

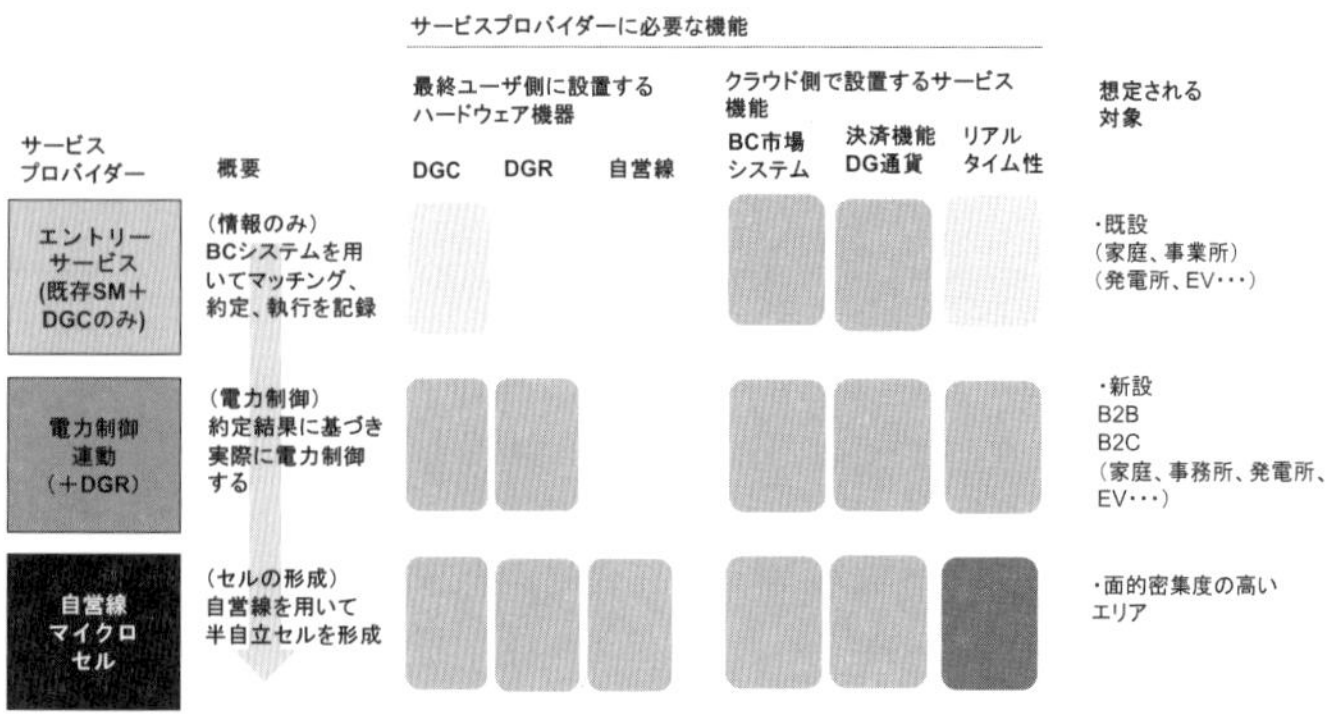


第3段階では、自営線を用いて半自立セルを形成します。独立したマイクログリッドの集合体により、個別最適が行われます（図3）。

## Q：電力取引は、どのような工程で実施されますか？

電力取引は入札により行われ、大まかな流れは計測入札↓約定↓約定確認↓受渡準備↓受渡実行↓完了確認となります。現物受け渡し市場であり、取引単位は0・1キロワット時を最短5分で融通するものと定義しています。

DGCは、ブロックチェーンに入札の指令を出すためのトリガー（引き金）となります。電力をどれだけ利用しているかを計測することに加え、気象情報から将来の需給予測をすることで、自分の好みの入札の方針に基づく署名が可

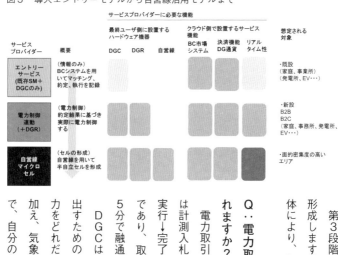

図4　電力融通決済システムの概要

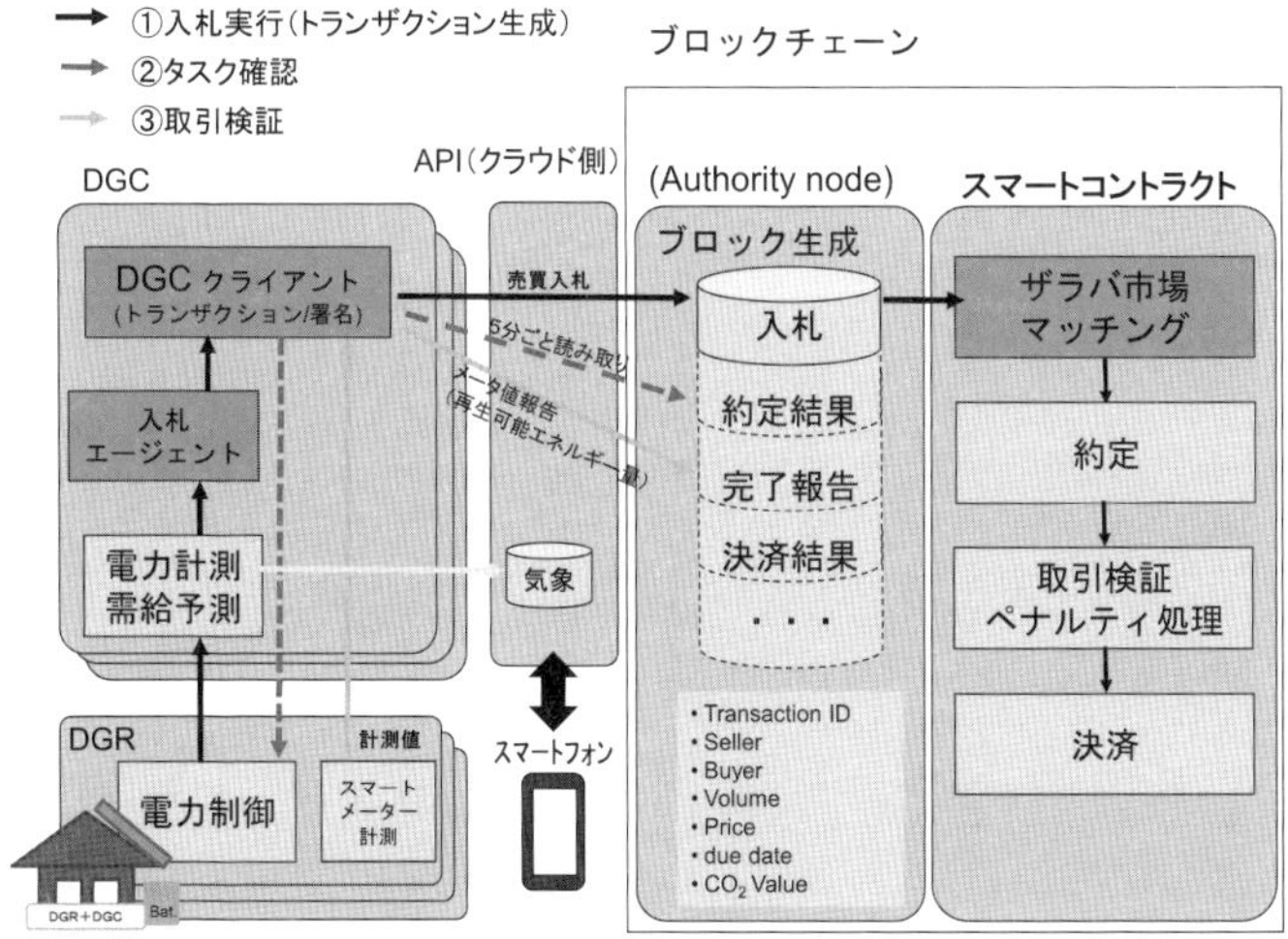


能となります。

計算については、クラウド側で補助をすることで、実際にブロックチェーン上で入札を実施します。そのときに、スマートコントラクトにおけるザラ場の市場（値段優先で、条件が同じ場合は、発注が早いものから売買を成立させるオークション方式の市場）にマッチングをかけます。

入札が約定すると、ブロックの中に約定結果が記録されます。その結果を5分おきに読み込みにいくことで、自分と関係しているデータを発見すると、その時間になったら受け渡しを実行するという仕組みです。実行後は、スマートメーターの計測値を読み込み、完了報告・結果確認が行われます（図４）。

## Q：どういったプレーヤーが市場に参加しますか？

サービスモデルでは、①電力市場プラットフォーム提供者、②サービスプロバイダー、③最終利用者といった3者のプレーヤーがいます。電力市場プラットフォーム提供者の役割は、ブロックチェーン・システムの管理です。

顧客を集めることや、ＤＧＣなどの機器を販売するのがサービスプロバイダーです。サービスプロバイダーは、電力小売り会社やＥＶ所有者など、電力をブロックで売りたい団体などが担当します。最終利用者は、電力サービスを利用する末端の需要家・発電者です（図５）。

通常のブロックチェーンのアルゴリズムと本システムが異なるのは、マイニングの省略が挙げられます。ビットコインなどのマイニングは、悪用する人がいる前提で実施しているため、時間と電気代が必要です。その時間と電気代を省略するため、本システムでは「ＰｏＡ（Proof of Authority）」という仕組みを使っています。この仕組みは、誰でもブロックの生成が可能で、どのブロックが正しいかを相互に確認し合うスタイルで

図5　電力決済サービスモデルのイメージ

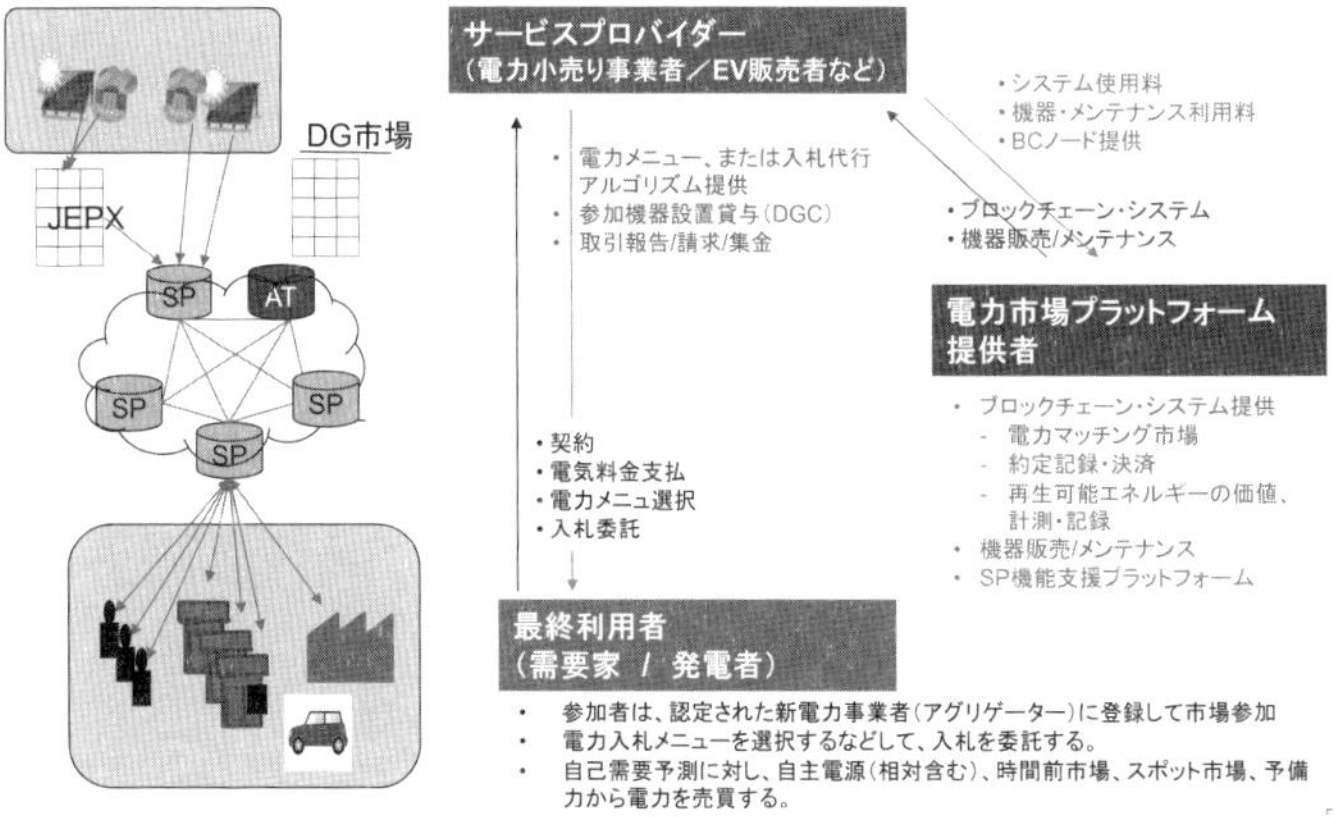


はなくて、オーソリティ（電力市場プラットフォーム提供者）がつくったブロックを全面信頼する前提の下に運用されます。スマートコントラクトを動かし、ブロックをつくることが認められるのは、少数のオーソリティの権限が与えられた団体だけなので、電気代とスピードは大幅に効率化できます。

**Q：入札は、どのように進められますか？**

入札については、例えば、蓄電池がある場合、予測をかけることで、ある時間帯に充電率が42％になるとわかったとします。このとき、50％の充電率をベースラインと設定していた場合、

図6　家庭A（蓄電池有）の入札例（充電率42%の場合）

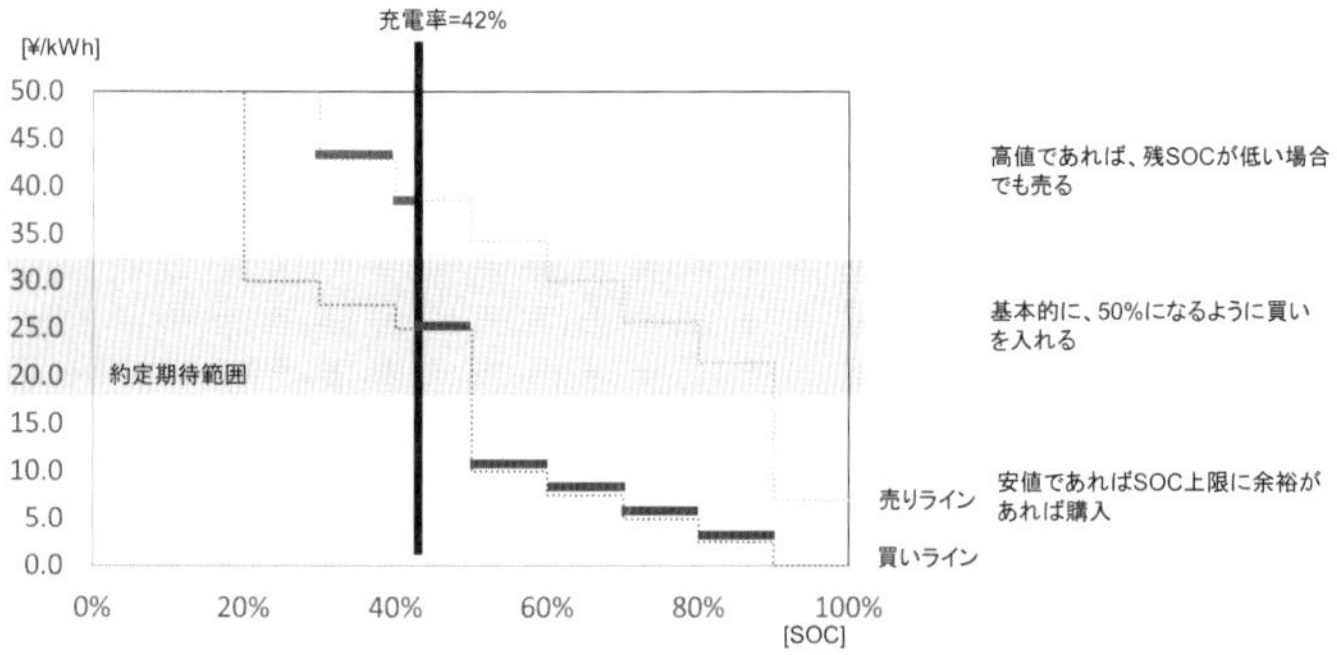


不足している8%分を入札によって充当することができます。

しかし、このベースラインは、絶対守らなければならないわけではないので、仮に電気代が高い市場になれば売ることもできます。さまざまな状況に対応できるよう、同時に6本の入札をかけて、価格が有利になるようであれば売買していくこととなります（図6）。

蓄電池がない場合は、電気を貯めておけないので、例えば、24時間前に90%の確度で確定できる発電量を設定します。その場合、発電量が足りなければ、ペナルティを支払うこととなります。つまり、長期的に運用すると、90%を目標の価格で売却し、10%はペナルティが付加されるという構造になります。売りたい時間帯に近づくにつれ、

図7 単純発電家(蓄電池なし)の売入札例

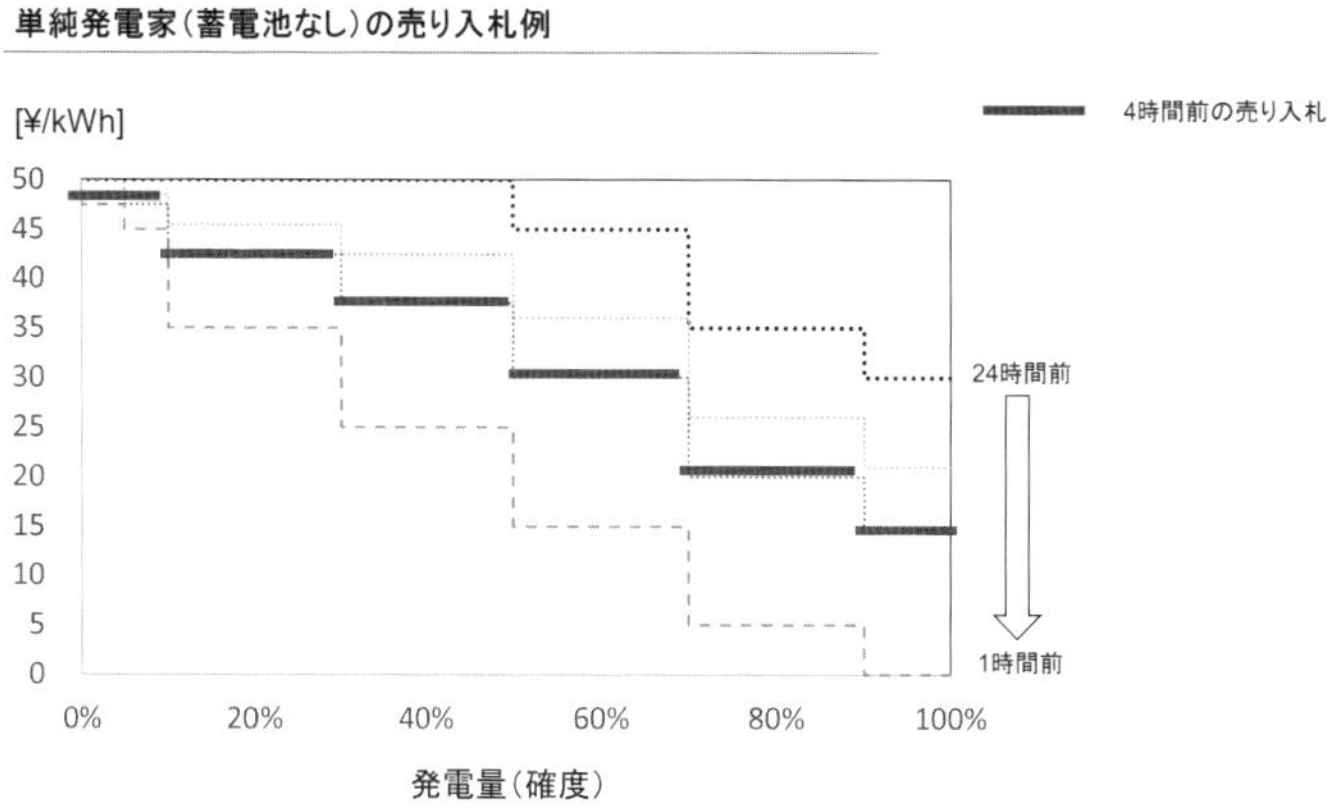


天気予報なども正確になり、発電量の予測は確度が上がっていくので、入札価格は、それに伴い下落していきます(図7)。

また、本システムは、JEPX(日本の卸電力市場を運営する取引所)のように実需ベースのみではなく、投機筋が参入する設計も可能です。そうすることで、流動性が上がるため、電気の融通が滑《なめ》らかになると考えています。

そのほか、直接的な電力売買だけではなく、広範な横展開が期待されます。例えば、エアコンやEVの購入時に、3カ月分の電気をオプションとして加えることで、消費者に訴求《そきゅう》することができます。

### Q：電力の系統・託送部分についてメリットはありますか？

現在の電力システムでは、市場分断が起きることで、JEPXの価格が高騰することがあります。この市場分断は、例えば、100キロワットしか系統線がないにも関わらず、150キロワットの出力を求める取引が行われた場合など、系統で送ることができない量の電気が取引された場合に発生します。

この市場分断については、あくまで取引上で系統線の容量を超えた状態であり、実際に外部へ送電される部分では余裕があると考えています。そのため、系統をフル活用し、分断を抑える方法としては、反対売買の機能を有効活用することが挙げられます。これは、例えば、鳥取から東京に送る電気が大量に売られる場合、反対に東京から鳥取に送る約定が起こるまでは決済させないといったものです。

以上、ご興味のある方は、阿部先生の著書『デジタルグリッド』（エネルギーフォーラム刊）も読んでみてください。

# おわりに

本書を通して、ブロックチェーンを活用したエネルギービジネスに取り組む企業事例を国内外50社以上、紹介しました。多くの企業が壮大なビジョンを掲げ、ブロックチェーンを活用し、新しい社会モデルの実現に向けて一歩踏み出していることを、実感いただけたのではないでしょうか。本書を通して、技術的な印象の強いブロックチェーンを少しでも身近に感じていただければ幸いです。

本書の「はじめに」で、エネルギーが「いつでも、どこでも、好きなだけ」使える〝空気〟のような存在になることが大切だと述べました。ここに少し、付け加える必要があります。

それは、「世界中の誰もが」です。なぜなら、日本にいる私たちは、電気についてあまり気にせず生活ができる、非常に恵まれた環境にいるからです。第2章でも紹介しましたが、電気のない生活をしている人は10億人以上に及び、日本の人口の約10倍です。

もし、彼らと生活をチェンジしたら、その日から「電気がない生活で、どうやってご飯を炊き、身体や汚れた洋服を洗えばよいか」と、途方に暮れるでしょう。飲み物を冷やす冷蔵庫も、心と体を癒《いや》すお風呂も、服を洗ってくれる洗濯機もないからです。

日本に暮らしていると「豊かさは、もう十分だなあ」と感じることがあります。しかし、電気のない生活を送っている10億人の方々にとっては、きっと、まだまだ不十分でしょう。

恵まれた環境で多くの恩恵を受けている私たちだからこそ、できることがあるように思います。そのひとつは、ブロックチェーンを活用して、エネルギービジネスをより洗練させ、新しい社会モデルとしてこれから成長するアジア・アフリカに提供していくことです。

世界中の誰もがエネルギーを「いつでも、どこでも、好きなだけ」利用できる時代がいつごろ実現するのかは、私たちひとり一人の手に委《ゆだ》ねられています。世界の人口は約75億人。日本だけの「75分の1の視点から75分の75の視点へ」と目線を上げていくことが大切です。

ここまでお付き合いいただきまして、本当にありがとうございました。今は絵空事《えそらごと》であり、机上の空論でしかない考えを、これから形にしていきたいと思っています。ぜひ、読者の皆さんとともに、これからの社会モデルを創っていくことができれば幸いです。

最後に、本書刊行の機会をいただいたエネルギーフォーラム出版部の山田衆三氏に厚く御礼申し上げます。

本書で使用した図表（筆者作成分）は、パワーポイントのプレゼンテーション資料として、左記ＵＲＬのウェブサイトよりダウンロードし、ロイヤリティフリーで、ご利用いただけます。社内の勉強会や企画資料などの素材として是非ご活用ください。
https://pps-net.org/blockchain

・「Could Siemens' Blockchain-Based Microgrid Project Foster an Energy-Sharing Economy?」、
http://www.sustainablebrands.com/news_and_views/cleantech/libby_maccarthy/could_siemens%E2%80%99_blockchain-based_microgrid_project_foster_en
・「Blockchain: Power to Renewables」、
https://www.clydeco.com/blog/energy/article/blockchain-power-to-renewables
・「The Energy Web Foundation: Bringing Blockchain Technology to the Grid」、
https://www.rmi.org/news/energy-web-foundation-bringing-blockchain-technology-grid/
・「How Blockchain Technology Could Decentralize The Energy Grid」、
https://www.fastcompany.com/3058380/how-blockchain-technology-could-decentralize-the-energy-grid
・「How Blockchain Will Revolutionize Renewable Energy」、
https://richtopia.com/emerging-technologies/blockchain-renewable-energy-sustainability
・「Blockchain and Renewable Energy Are Utterly Disrupting Society as We Know It」、
https://futurism.com/blockchain-and-renewable-energy-are-utterly-disrupting-society-as-we-know-it/
・「The Blockchain Energy System Is Going To Be Great For Consumers」、
https://www.fastcompany.com/3065701/the-blockchain-energy-system-is-going-to-be-great-for-consumers
・「How Renewable Energy Is Taking A Page From Bitcoin」、
https://www.ge.com/reports/renewable-energy-taking-page-bitcoin/
・「The Energy Blockchain: How Bitcoin Could Be a Catalyst for the Distributed Grid」、
https://www.greentechmedia.com/articles/read/the-energy-blockchain-could-bitcoin-be-a-catalyst-for-the-distributed-grid

・「Blockchain - Brave New Energy World for Prosumers?」、https://www.erneuerbareenergien.de/blockchain-brave-new-energy-world-for-prosumers/150/437/97962
・「Blockchain in the energy transition (dena)」、https://www.dena.de/fileadmin/dena/Dokumente/Meldungen/dena_ESMT_Studie_blockchain_englisch.pdf
・「Blockchain – an opportunity for energy producers and consumers?」、https://www.pwc.com/gx/en/industries/assets/pwc-blockchain-opportunity-for-energy-producers-and-consumers.pdf
・「How Utilities Are Using Blockchain to Modernize the Grid」、https://hbr.org/2017/03/how-utilities-are-using-blockchain-to-modernize-the-grid

**第４～７章**

・『第三の波』、アルビン・トフラー、1980 年
・『デジタルグリッド』、阿部力也、2016 年
・『エネルギー産業の 2050 年 Utility3.0 へのゲームチェンジ』、竹内純子、2017 年
・『欧米先進事例に学ぶデジタル時代の電力イノベーション戦略』、アビームコンサルティング、ガスエネルギー新聞、2017 年
・「Social System Innovation in the Energy Sector: Blockchain」、https://www.icef-forum.org/platform/thematic_discussion_topic9_session.php
・「How Blockchain Technology Can Reinvent The Power Grid」、http://fortune.com/2016/05/15/blockchain-reinvents-power-grid/
・「Fusing Blockchain and IoT: An Interview With Filament's CEO」、https://bitcoinmagazine.com/articles/fusing-blockchain-and-iot-interview-filaments-ceo/
・「Blockchain may fuel the energy industry」、https://www.finextra.com/blogposting/13394/blockchain-may-fuel-the-energy-industry
・「How Blockchain Could Give Us a Smarter Energy Grid」、https://www.technologyreview.com/s/609077/how-blockchain-could-give-us-a-smarter-energy-grid/
・「ENERGY AND THE BLOCKCHAIN IN NEW ZEALAND」、https://www.3months.com/blog/energy-and-the-blockchain-in-new-zealand
・「Blockchain Techologies For the Energy Access Sector」、https://energypedia.info/wiki/Blockchain_Techologies_For_the_Energy_Access_Sector

・「U.S. Solar Photovoltaic System Cost Benchmark」、
https://www.nrel.gov/docs/fy17osti/68580.pdf
・「NREL Report Shows Utility-Scale Solar PV System Cost Fell Nearly 30% Last Year」、
https://www.nrel.gov/news/press/2017/nrel-report-utility-scale-solar-pv-system-cost-fell-last-year.html

第３章

・『バーチャルコミュニティ　コンピューター・ネットワークが創る新しい社会』、ハワード・ラインゴールド、1995年
・『第三次産業革命　原発後の次代へ、経済・政治・教育をどう変えていくか』、ジェレミー・リフキン、2012年
・『ブロックチェーンと企業戦略　DIAMOND　ハーバード・ビジネス・レビュー論文』、マルコ・イアンシティ、カリム R．ラカニー、2018年
・『サーキュラー・エコノミー　デジタル時代の成長戦略』、ピーター・レイシー、ヤコブ・ルトクヴィスト、2016年
・「Disrupting The Energy Industry: A Breakdown On Startup Driven Innovation」、
https://magazine.startus.cc/disrupting-energy-industry-breakdown-startup-driven-innovation/
・「How the blockchain will disrupt energy markets」、
https://www.greenbiz.com/article/how-blockchain-will-disrupt-energy-markets
・「Blockchain im Energiesektor」、
https://www.pwc.com/gx/en/industries/assets/pwc-blockchain-opportunity-for-energy-producers-and-consumers.pdf
・「Potential of the Blockchain Technology in Energy Trading」、
http://www.ponton.de/downloads/mm/Potential-of-the-Blockchain-Technology-in-Energy-Trading_Merz_2016.en.pdf
・「Electricity Network Transformation Roadmap ｜ Accenture」、
https://www.accenture.com/t00010101T000000__w__/au-en/_acnmedia/PDF-49/Accenture-Electricity-Network-Transformation-Roadmap-slideshare-Correction.pdf
・「TRANSFORMING THE DIGITAL UTILITY」、
https://www.accenture.com/us-en/insight-transforming-digital-utility-future
・「BLOCKCHAIN IN ENERGY AND UTILITIES（Indigo Advisory Group)」、
https://www.indigoadvisorygroup.com/blockchain
・「COULD BLOCKCHAIN BE A BIG WIN FOR UTILITIES」、
https://www.accenture.com/us-en/insight-perspectives-utilities-energy-ecosystem

# 参考文献


**第１章**

・『ビジネスブロックチェーン　ビットコイン、FinTech を生みだす技術革命』、ウィリアム・ムーゲイヤー、2016 年
・『ブロックチェーン革命　分散自律型社会の出現』、野口悠紀雄、2017 年
・「ブロックチェーンと「分散都市」の可能性」、ドン・タプスコット、2016 年、https://wired.jp/2016/10/21/don-tapscott/
・「ブロックチェーン技術を利用したサービスに関する国内外動向調査」、経済産業省、2016 年、http://www.meti.go.jp/press/2016/04/20160428003/20160428003.html
・「Ethereum&the Power of Blockchain　分散の力」、https://wired.jp/special/2017/vitalik-buterin/
・「Blockchain and Digital Tokens: A Strategic Perspective–BCG」、https://www.bcg.com/blockchain/thinking-outside-the-blocks.html

**第２章**

・『リソース・レボリューションの衝撃　100 年に１度のビジネスチャンス』、ステファン・ヘック、マット・ロジャーズ、2015 年
・『2017 年版　エネルギー白書』、経済産業省、2017 年
・『探求――エネルギーの世紀［普及版］』、ダニエル・ヤーギン、2015 年
・『地球を「売り物」にする人たち――異常気象がもたらす不都合な「現実」』、マッケンジー・ファンク、2016 年
・「RE100」、http://there100.org/companies
・「Corporations Purchased Record Amounts of Clean Power in 2017」、BNEF、https://about.bnef.com/blog/corporations-purchased-record-amounts-of-clean-power-in-2017/
・「Renewables 2017」、IEA、https://www.iea.org/publications/renewables2017/
・「Digitalisation ignites new phase in energy transition」、https://www.cleanenergywire.org/dossiers/digitalisation-energiewende
・「The Big Green Bang: how renewable energy became unstoppable」、https://www.ft.com/content/44ed7e90-3960-11e7-ac89-b01cc67cfeec
・「Reforming the Energy Vision」、https://rev.ny.gov/
・「R&D will include focus on reliability, resilience, and storage」、https://energy.gov/articles/energy-department-announces-achievement-sunshot-goal-new-focus-solar-energy-office

〈著者紹介〉

**江田健二**　えだ・けんじ
**一般社団法人エネルギー情報センター 理事**

1977年、富山県生まれ。慶應義塾大学経済学部卒業後、アンダーセンコンサルティング（現アクセンチュア）に入社。エネルギー／化学産業本部に所属し、電力会社・大手化学メーカーなどを担当。アクセンチュアで経験したITコンサルティング、エネルギー業界の知識を活かし、2005年に起業後、RAUL（ラウル）株式会社を設立。一般社団法人エネルギー情報センター理事、一般社団法人エコマート運営委員、一般社団法人CSRコミュニケーション協会理事、現職。「環境・エネルギーに関する情報を客観的にわかりやすく広く伝えること」、「デジタルテクノロジーとエネルギー・環境を融合させた新たなビジネスを創造すること」を目的に執筆・講演活動などを実施。主な著書にAmazonベストセラー第1位（エネルギー一般関連書籍部門）となった『エネルギーデジタル化の未来』、『エネルギー自由化は「金のなる木」70の金言＋α』（以上、2017年、エネルギーフォーラム）など多数。

書籍へのご意見・ご感想などをお待ちしております。
bookeda@ra-ul.com

〈制作・編集協力〉
鈴木祐子　森正旭　佐藤真衣
〈事例調査協力〉
湊健太郎　飯沢奈央
アリウィンツォグト・オルガマル（Urgamal Arvintsogt）

# ブロックチェーン×エネルギービジネス

2018年6月20日　第一刷発行
2019年2月21日　第四刷発行

著　者　江田健二
発行者　志賀正利
発行所　株式会社エネルギーフォーラム
〒104-0061 東京都中央区銀座5-13-3　電話 03-5565-3500
印刷・製本所　錦明印刷株式会社
ブックデザイン　エネルギーフォーラム デザイン室

定価はカバーに表示してあります。落丁・乱丁の場合は送料小社負担でお取り替えいたします。

　ISBN978-4-88555-492-6